Dużo tego

STANISŁAW PYSEK PRUSIŃSKI

Copyright © 2019 Literally Literature
All rights reserved.
ISBN-13: 978-1-970090-15-4

Czwarty tom:

Dużo tego

Uczucie

Cóż czynić gdy zadrga uczucie
Gdy w duszy zapłonie tęsknota
Do kogoś bliskiego a teraz drogiego
Niciarniana misterna robota.

Czy to przeznaczenie niezwykłe zdziwienie
I ogień palący wnet skusi
To wszelkie opory i chmury kłębiaste
W jednakich kierunkach pokruszy.

Czasami ktoś bliski i dotąd nieznany
I jedne spojrzenie przemieni nam plany
Wnet ogień tęsknoty rozbłyśnie
I lawą wulkanu wytryśnie.

Burzliwe tak wielkie miłości i wzloty
Wyniosłej radości i w duszy poloty
Wpisane jest w życie codzienne zwyczajne
Tak prosto wspaniale i fajnie

Przejść przez życie nie zawieść i wierzyć
Upiększać ożywiać i czasu nie mierzyć
Z szacunkiem pogłębiać i tworzyć miłości
W codziennej zwyczajnej radości.

Nie zawieść nie smucić na szalę nie rzucić
Pięknego uczucia nie ranić
Upiększać ożywiać odtwarzać od nowa
I wcielać i w czynach i słowach.

Marzenia pragnienia i wzloty upadki
Potyczki miłosne a niekiedy wpadki

Powroty zwierzenia miłosne westchnienia
To wszystko wpisane jest w nasze istnienia.

Uciekła ziemia

Spod nóg ucieka nam ziemia
Coś się stało przyciągania nie ma
Co się mogło przydarzyć
Świat się powtarzał aż się w końcu zestarzał?

Jak wrócić do zwyczajnej codzienności
Doznać smaku i dotyku
Gdy brakuje ziemi styku
I proszę tej zmiany ryzyko.

Samochody fruwają w górze
Na chmurze zakwitły róże
Opustoszały place i autostrady
W górę uniosły się łąki zielone
Drzewa kręcą się jak szalone.

Woda przelewa się w górze
Wszystko jest na niezwykłym luzie
Świat cały tak w słońcu w przestrzeni
Fruwają dywany konie i ciężkie słonie
Lamparty i uparty osioł płynie
W tej niezwykłej różnorodnej gęstwinie
A może to wszystko dla próby
Nikt nie chce dla świata zguby.

Więc cieszyć się czy może smucić
Czy warto do przeszłego czasu wrócić
Czy może pozostać w tej inności niecodziennej
Tak bardzo rozkosznej i przyjemnej

Bez przyciągania i troski
Pozostać w tym świecie boskim wyniosłym.

Przebudzenie

Ze wschodem słońca wspaniała ziemia
Nowe oblicze boskie odsłania
I mroczne wstęgi minionej nocy
Niepostrzeżenie wolno przegania.

Wielkim świetlistym łukiem niebiańskim
Zuchwale słońce promienie rzuca
Zdejmując nocy szarości brzemię
Przejrzystym światłem odsłania ziemię.

Tak uroczyście w wielkim zachwycie
Ku Bogu stwórcy czyni pokłony
Stwarzając nowe wspaniałe życie
Porządkiem świata ustanowionym.

Matka Natura życie kultura
Zgodnie do pracy raniutko wstaje
Zwyczajna prosta uczciwa dusza
Ciału żywemu sygnał podaje.

Z wielkiej ciemności i snu błogiego
Duch do działania istoty zmusza
Mechanizm boski zwyczajnej troski
O nowe czyny wciąż się pokusza.

Ludzkości ziemska nowa zwycięska
Tworząca wierne Boga odbicie
To co nastaje i wciąż się staje
To co nazywa się prostym życiem.

Wczorajszy i dzisiejszy dzień

Pomyślny zatem taki czas
Nadchodzi i przemija w nas
Wczorajszy dzień przemknął z kretesem
Zbudziłem się otworzyłem oczy
Zrozumiałem dziś jestem.

Za oknem pochmurno wieje wiatr
Gdzieś tam niemrawy deszczyk rosi
A dzienny czas wczesnego ranka
Nowe nadzieje nam przynosi.

Jakiś dziwaczny w ogródeczku
Dziki kwiatuszek główką kiwa
A wiatr nim targa deszczyk moczy
I płatki kolorowe zmywa.

Świat ożył szmernie hałaśliwie
Głaszcząc zielone drzew korony
Między krzaczkami szarych kolców
Przemyka gdzieś zając szalony.

Biała potężna smuga świetlna
Dorodną piękność ukazuje
Nic zatem z tego co stworzone
I żadna moc jej nie hamuje.

Och gdyby można tak opisać
Jak słońce się zza chmur przedziera
I żywą jasność swych promieni
Nad piękną ziemią rozpościera.

Nikt nie jest w stanie też zrozumieć
Dlaczego rześki poranek wstaje
Jak do tej pory lat miliony
Nikomu to się nie udaje.

Dzień powstał dla ciebie i dla mnie
Bóg stworzył wielkość niepojętą
A patrząc swoim dobrym wzrokiem
Otacza łaską wielką świętą.

Pisać tylko o czym

Chcesz być poetą może pisarzem
Ty decydujesz nikt ci nie każe
Chciałbyś wypłynąć może zasłynąć
A może nawet nagrodę zwinąć.

To prawda tworzyć coś się opłaci
Zawsze zarobisz nigdy nie stracisz
Lecz wiedz że nie zawsze masz rację
Przerwij pisanie zrób więc kolację
Bo dla pisarza ważne jest zdrowe
Ognisko rodzinne znaczy domowe.

Więc być pisarzem to pisać jak
Siedząc przy stole leżąc na wznak
Możesz zatrudnić też sekretarkę
Siedząc gdzieś w barze z kolesiem z parku
W pokrytym kurzem gabinecie
Na cegielnianym gdzieś parapecie.

Lecz o czym pisać?
Że jest spokojnie
O wynalazkach albo o wojnie

Żeby nie sprawić żadnej przykrości
O wielkich sprawach wielkiej miłości
O wronie która kracze na płocie
Czy o lenistwie może o cnocie.

Pisać wytrwale czasem do bólu
O wielkiej nędzy czy krwawym królu
Jednym się wierszem nie zadowolić
Pióro połamać a nabazgrolić.

Albo nocami i lewą ręką
Gdy światła zgasną i się przyciemni
To i pisanie idzie przyjemniej
O cudzych sprawach o tak dla hecy
Że bolą plecy i dziecko łkało
Teściową ze złości przytkało
Czy o dentyście co zęby leczy
O polityce i kantach czarta
Patrząc na zegar a to już czwarta.

Tworzyć o głodzie czasem o chłodzie
Pisać o pracy w fabrycznym smrodzie
Podziwiać w wierszach piękne kobiety
Jak pędzą w kosmos wielkie rakiety.

Może po cichu i po kryjomu
O żonie która uciekła z domu
Czy o starości i drętwych palcach
Jak król prowadzi księżną do tańca.

Dobrze jest mówić lecz pisać trudno
Trzeba próbować najpierw na brudno
Pisarz być musi bardzo zawzięty
By zdobyć w życiu różne talenty.

Dużo tego

Co będzie jutro?

Dzisiaj jest a jutra może nie być
Dla każdego z osobności każdej duszy
Dzień przepłynął noc nadeszła czarna
Rankiem duch na nowo ciałem wzruszy.

Nikt nie jest pewny
I nie przestaje marzyć
Że obudzi się o świcie
A wszystko się podczas snu może zdarzyć.

Zdobywamy aż tak wiele
A coraz więcej by się chciało
Człowiek ciągle jest nienasycony
I zawsze jest mu mało.

Tak to w praktyce czy naukowej teorii
Ile jest mózgów tyle jest kategorii
Człowiek czyni różne świństwa wojny kręci
A to może być wynikiem złej pamięci.

Ciągła walka o pozycję i o trony
Jakoś dziwnie nasz świat został stworzony
Stare znika a nowe nadchodzi
I czasami nie wiadomo o co chodzi.

Póki co to żyjmy razem zgodnie
Niech w radości nam mijają dni i tygodnie
Trzeba wierzyć żeby przeżyć
Czasem w piersi się uderzyć
Przejść przez czas swój mądrze i swobodnie.

Stanisław Pysek Prusiński

Nowy rewelacyjny sposób na

Tak po prostu rewelacja
Dobry pomysł i sensacja
Dotyczy to sposobu który
Jak w oponie łatać dziury?

Było tak że dziadek i babcia
Jadąc autem łapią kapcia
Z lewej czy to prawej strony
Powietrze uciekło z opony.

Mała renta lichy dochód
Babunia podnosi samochód
A dlatego bo dziadek nieznośnik
Niechcący sprzedał podnośnik
Bo pomylił go z zegarem
Takie potorądzie stare.

Prawda nie ma co owijać
Musi się dziadunio zwijać
Może zostać przygnieciony
Z prawej albo z lewej strony.

Sprytny dziadek w dobrej formie
Stanął z boku na betonie
Robi oczną z grubsza miarkę
Zaglądając w gumną szparkę.

Mały problem Boże Święty
Bierze cztery śrubokręty
Klucz francuski młotek ruski
Dwie nakrętki nie gumowe
I nożyczki pociągowe.

Dużo tego

Jeden bolec dwie sprężyny
Zejdzie mu to pół godziny
Babka trzyma pręży uda
Na pewno się wszystko uda.

Idzie dobrze bez frasunku
Sprawnie tak jak na rysunku
Dziadzio tak się sprawnie kręci
Chociaż słabe ma pamięci
Trochę wkurza się i kręci
Lecz zmontował wszystko ładnie
Chyba babcia nie upadnie.

Dwie godziny i jest z głowy
Pojazd do jazdy gotowy
I kasa w kieszeni została
Lecz wynikła sprawa mała
Babcia długo się trzymała.

Gdy wszystko było gotowe.

I stało się tak mamy wdowę
I ostatni dziadzia dochód
Przez taki głupi samochód
I przez tę dziurę w oponie
Babcia cała we łzach tonie.

Dziadzio w niebie z aniołami
Nie przejmuje się kołami
Pomysł spalił się stąd wynika
Przez głupiego podnośnika.

Nowy sposób na uratowanie dachu

Pisząc prawdę i z rozmachem
Jeśli mamy problem z dachem
A gdy deszcz szybuje z chmury
Możesz złapać go do rury.

Wkład niewielki to nie szkoda
Po co płacić darma woda
Deszcz nie zniszczy też pokrycia
Tylko zyski nie do zbycia.

Po co moczyć nogi w wodzie
Dach popsuty bardzo łysy
I w mieszkaniu jest bałagan
Na podłogach konwie misy
Woda cisnąć się przez szparki
Zalewa złote zegarki
Martwić się że będzie padać
Trzeba działać szkoda gadać.

Kiedy więc zaświeci słońce
W dachu wywierć dziur tysiące
Nie martw że się wiertła grzeją
A ręce przy tym potnieją.

Więc od każdej takiej dziurki
Odprowadź kawałek rurki
Tego samego gatunku
Widać to na tym rysunku
Ale czasu już brakuje
Więc go później narysuje.

Gdy deszczowa woda spada

Dużo tego

Strumień na dach się rozkłada
Patrz do góry zatrzyj ręce
W tej sprawie nie trzeba więcej.

Krople biegną w małe dziurki
I prosto do dużej rurki
I fizycznie też się zgadza
Przy tym dachu nie uszkadza.

Woda płynąc do baniaka
Technika niezwykła taka
Pomysł bardzo opłacalny
I genialny.

Można również na to przystać
I deszczówkę wykorzystać
Do kąpania i do prania
Nawet do zwykłego s...

Cieszy się babcia i panna
Darmowej wody pełna wanna
Już nie będzie trzeba tracić
I za wodę słono płacić.

Opłaca się na sto procent
Pomysł jakby z nieba wzięty
Z wielkim zyskiem nie jest szkodą
Darmowe polewanie wodą.

A gdy zakupisz turbinę
Utrzymasz całą rodzinę
Zrób to szybko i nie żałuj
Autora pomysłu ucałuj
Możesz przesłać troszkę datku.

I odliczyć od podatku
Zrozumiałeś zrób to właśnie
Burza idzie piorun trzaśnie
I nowa rentowna deszczówka
A od przybytku nie boli główka.

Ciemność i jasność

Ciemność i jasność dwie odrębności
Zostały światu podarowane
Drążone w czasie w kamiennej skale
By szerzyć miłość ku jego chwale.

Ciemność jasności przeczy a juści
Ciągle się nocka z dniem jasnym spiera
Ranek południe i wczesny wieczór
Czarna czeluści nocy zabiera.

Wszystko co żyje za dnia i ciągle
Czas nocy cichej do snu układa
I czarny pierścień na jasną ziemię
Niepostrzeżenie płynnie nakłada.

Hej nocy głucha proszę zaczekaj
Niech jasny dzionek czas nam osłodzi
Prosimy odejdź nie niszcz jasności
Po co się męczysz być może szkodzisz.

Nikt nie odgadnie zamiarów Boga
Noc musi istnieć na odpoczynek
Dzień każdy spełniać co zamierzone
By przejść przez życie warto zwycięsko
Wszystkie zamiary boskie spełnione.

Życie się powtarza

Czas żniwo zbiera ciągle posiewa
Tworząc zdarzenia często rozprasza
Jest niewidzialny nieobliczalny
Nowe nadzieje łukiem urasza.

Czas podzielony na dni i noce
Wskazówki zegar wolno przesuwa
Nieokreślony i niezmierzony
Skrzętnie dobiera czasowa smuga.

Codzienne troski na wymiar boski
Teraźniejszości sprawnie przetacza
I nowe wizje pragnienia wzloty
Wpaja w codzienne życiowe cnoty.

Czasu nie zmienisz nigdy nie pojmiesz
Choćbyś był nawet twardszy niż krzemień
Jest dany z góry do wypełnienia
Jak epopei życiowe brzemię.

Każda jednostka istota żywa
Swój zapisany czas ma wypełnić
I to co z góry postanowione
Z pomocą boską musi zapełnić.

Czas bez początku jest i bez końca
Nieopisany spełniany skrycie
Z codziennym blaskiem promieni słońca
Stwarza na nowo przejrzyste życie.

Nowe nadchodzi i czas ucieka

I niewiadome wizje wytwarza
Ufajmy Bogu szanujmy życie
Dziękujmy za to że się powtarza.

Przypadek anioła emeryta

Pewien emerytowany anioł
Poznał w barze młodą panią
Aż na twarzy miał wypieki
Pragnął wziąć ją do opieki.

Bóg mu radzi się nie spieszyć
Próbuje anioła pocieszyć
Gdy anioł zechce pracować
Trzeba emerytkę zawiesić.

Tak anioła żądza zmogła
Młoda pani w tym pomogła
Anioł myśli status zmienić
Postanowił się ożenić.

Więc wesele się odbyło
Aż podłoga się zarwała
Goście tydzień ucztowali
A panienka różowiała.

Noc poślubna nieudana
Tak gorzałka zmogła pana
Chrapał głośno po anielsku
Gdzieś w ogródku w dużym zielsku.

Młoda pani zawiedziona
Bardzo mocno zniechęcona
Noc poślubna niespożyta

Dużo tego

Podkurzyła się kobita.

A było to w poniedziałek
Młoda panna sięgnęła po wałek
I zamknęła w szopie dziada
Bić przy ludziach nie wypada.

A więc mamy rezultaty
Anioł zrobił się pryszczaty
I na czole i na pupie
Płacząc krzywi się przy słupie.

I aniołom też się zdarza
Trzeba zapłacić za lekarza
Płacz problemu tu nie zmienia
Zabrakło ubezpieczenia.

Kto zapłaci za wesele
Rzekło babsko   precz aniele
Spadaj do swojego nieba
Darmozjadów tu nie trzeba
Masz czas dotąd nim się ściemni
Pozostawać na tej ziemi
Cóż niestety emerycie
Zbrzydłeś bardzo mnie kobicie.

Nie pomogły przeprosiny
Anioł dużo krwi utracił
I od pastora dostał kropidłem
Bo za ślub też nie zapłacił.

A cywilnie do rozwodu
Pretekst taki brakło wzwodu
Wyszły niezłe jaja takie

Został anielskim pijakiem.

Żeby brzemię hańby zrzucić
Myśli by do nieba wrócić
Pan Bóg zawsze jest łaskawy
To odkręci brzydkie sprawy.

Trafiło to jednak na święta
A w niebie brama zamknięta
Strażnik sprawdził go przy bramie
Wódę wyczuł   krzyknął spadaj
I bzdur takich nie powiadaj.

Anioła aż trzęsie febra
Oberwał bejsbolem po żebrach
Cóż więc pocznie anioł święty
Przez panią i Boga wyklęty.

Myśli anioł czyny puste
A więc zaszył się w kapustę
I na polu larwy liczy
Nie zaznał na ziemi słodyczy.

Co więc stało się z aniołem
Zniknął i nikt go dotąd nie widział
Kto zawinił w tym przypadku
Powiedz prawdę drogi dziadku?

Czy licha wiara w starym aniele
Może wódka i wesele
Czy młoda panna na ziemi
Ale o tym się dowiemy
Trochę później jak się ściemni.

Stary anioł młoda panna
To historia to nie bajka
Tak się kura zasłuchała
Że ktoś z gniazda zabrał jajka.

Wrzeszczy i koguta woła
A może to sprawa anioła
Który szwenda się po polu
I bardzo go kości bolą.

Z tej historii niezły wykład
Pojąć ten niebiański przykład
Gdy jesteś na emeryturze
Cicho siedź w anielskim chórze
Starym lepiej jest na górze.

Chrzciny Kai

Dzisiaj w niedzielę na cztery strony
W polskim kościele zabiły dzwony
Nad rzeką Narwią na Anioł Pański
I z tej przyczyny
Tym wydarzeniem ważnym są chrzciny.

Dzień dziś niezwykły ulicą Farną
Tłumy pielgrzymów kościółek zgarnął
Wszyscy weseli i uśmiechnięci
Msza się zaczyna pastor wszystkich święci.

Wnętrze kościoła wystrój bogaty
Piękne obrazy wokoło kwiaty
A na ołtarzu serce Jezusa
Wiernych serdeczną miłością wzrusza.

A Matka Boska jest uśmiechnięta
W niebieskiej sukni wyniosła święta
Chóry aniołów w górnej przezroczy
Pan Bóg szeroko otworzył oczy
A dźwięk organów wdzięczny doniosły
Wlewając w serca krocie radości.

Pastor w białej szacie wyniosły boski
Wodą święconą popryskał noski
Kręcąc kropidłem w wielkiej fantazji
Z racji chrzcinowej mszalnej okazji.

Wszystkie maluchy śliczne oczęta
Nasza Kaiunia tak uśmiechnięta
Pierwszym chrzcinowym spryskana deszczem
Prosi o jeszcze.

Mama i tata są dumni z córki
A nad ołtarzem czas boskiej chmurki
Stół śnieżnobiały i miejsce święte
Jest dla Kaiuni boskim prezentem.

I matka chrzestna panna Joasia
Miłym spojrzeniem chrześniaczkę zrasza
A ojciec chrzestny Tomaszek z Chicago
Nuci pieśń bożą dumny z powagą.

O dziadek Krzysiek i babcia Jola
Trzymając za rączkę wnuczka Dominika
Który jak nigdy stoi pobożnie
Bo pastor poważny wygląda groźnie.

Msza zakończona Kaiunia mała
Z innymi dziećmi chrzest otrzymała

Jest chrześcijanką ze krwi i kości
Więc podskakuje z wielkiej radości.

Babcia Tereska i dziadek Stasio
W tym uroczystym dniu wnuczko Kaiu
Myślami krążą tą samą drogą
I wielka szkoda że ze wszystkimi
Na twoich chrzcinach być tam nie mogą.

Bardzo się cieszą są zawsze z tobą
Jesteś tak dla nas ważną osobą.

Mężatka

Zawsze piękna dumna matka
Jak ma wyglądać mężatka?
Zgorzkniała zła napuszona
Zmartwiona ciągle zmęczona.

Prosta jest rada żono i matko
Skoro już jesteś mężatką
Więc się trzymaj w roztropności
Żyj i szanuj w rytm wolności.

Nie umawiaj się cichaczem
Kiedy męża nie ma w domu
Nie skub z portfelika grosza
Gdy już zasnął po kryjomu.

Nie przejmuj się zbytnio klęską
Musisz zawsze wyjść zwycięsko
Więc się przyjrzyj temu z bliska
Wykorzystaj rady Pyska.

Stanisław Pysek Prusiński

Pamiętaj rankiem do domu nie wracaj
Na teściową się nie przewracaj
O nic nikt cię nie ma pytać
Gdy wrócisz muszą cię przywitać.

Gdy w cieście spłodzisz zakalec
Czy może skaleczysz się w palec
Gdy cię mąż połechtać nie chce
Może pastor rozgrzeszyć nie chce
Nie płacz nie lamentuj nad kładką
Głowa do góry mężatko.

Żeby mąż miał pożądanie
To co tydzień spuść mu lanie
Wybij z głowy piwo i bary
Wymyślaj wciąż nowe kary.

Piękne oczy swoje maluj
Pudru na buźkę nie żałuj
Żeby zawsze była gładka
Tak powinna wyglądać mężatka.

Proszę cię nie narób długu
Twój teść ma chodzić w pługu
A teściowa matka żona
Nigdy ma nie być wkurzona.

Moja droga księżno matko
Żeby być dobrą matką
Musisz trzymać stronę teścia
Na flaszkę to po dwadzieścia.

Mąż ma dać więcej o dychę
Teściowa zmontować zagrychę

Teść ma przyprawić kotlety
Takie jest życie niestety.

Nigdy się nie martwimy
Okazje wesela i chrzciny
Głowy do góry wesołe miny
Tak wygląda życie porządnej rodziny.

Prawdziwe nie wymyślone

Nastała wiosna dumna radosna
Drzewa po zimie puszczają pąki
Trawka się cudnie zazieleniła
Na łące dziwne kosmate strąki.

Wymyślnych kwiatków bajkowe płatki
Z wielkim rozpędem pną się ku górze
Łaknąc powietrza wodnych kropelek
I otwierając szeroko buzię.

Wiosna teatrem przyroda widzem
Wielkie kurtyny dzielnie odsłania
Jest tak bogata prosta wyniosła
I z każdą chwilą ma coś do rozdania.

Prawdziwe słońce na falach nieba
Łukiem ogromne buduje wstęgi
Właśnie specjalnie dla ziemi matki
Czyniąc tym łaskę i wielkie względy.

Pan Bóg natura prawdziwa matka
Ziemią urodną świat obdzieliła
Wymysłem boskim dziwną zagadką
W obliczu troska prawda i siła.

Fascynacje

Każdy dzień godziny chwile
Fascynacje wciąż przynosi
To jest dla nas bardzo ważne
Może niestałe doraźne
Ale takie niebywałe.

A więc zagadnienie całe
Spotykamy tak codziennie
Fascynacje tak ogromne
I niestety bardzo małe.

Co nas może fascynować
Przyroda wschodzące słońce
Wieczór cichy i przytulny
Spotkanie z pędzącym zającem.

Są przeróżne fascynacje
Znikające i na trwale
W dni powszednie i świąteczne
A największe w karnawale.

Małe duże niebanalne
Czasami nieobliczalne
Zwyczajne unikalne wyblakłe
Bywają i niepowtarzalne.

Pastora fascynuje taca
Owce fascynuje baca
Nawet złotopióra kura
Czyni to dla koguta gbura.

Dużo tego

Trzeba z wolna i ostrożna
Fascynacja bywa groźna
Ona piękna on niemłody
Do rozwodu są powody.

Fascynuje też nauka
Piękne wiersze i malowidła
Starożytne piramidy
Złote góry i straszydła.

Więc z rozważań tych wynika
Gdy dotyczy polityka
Fascynują go pierdoły
Wypisuje się bazgroły.

Fascynujesz się do woli
Bo to uczucie nie boli
To ciebie nie rujnuje
Ale czasami kosztuje.

Fascynować może pana
Piękna pani nie ubrana
Towarzyska sekretarka
Albo spirytusu miarka.

Sprawia to i ser tylżycki
I u panny jędrne cycki
I fryzura piękne oczy
Że czasami aż zamroczy.

Może sprawić to i święty
Prosta droga i zakręty
Oceanu wodne odmęty
Zupa z pieprzem czy też kluski

Nawet prosty klucz francuski.

To uczucie nie rujnuje
A tak naprawdę buduje
Ale też się czasem zdarza
To i kłopotów przysparza.

A to zmienia postać rzeczy
Fascynacja z nożem w plecy
Głupi film w bezmyślnej walce
Czy w puszczy przebrzydłe padalce
Albo może węże żmije
Przyjdzie woda wszystko zmyje.

Gdy masz z fascynacją kłopoty
Proszę weź się do roboty
Staraj się aż do zmęczenia
Swoją żonę cmoknij na noc
Śpij spokojnie i dobranoc.

Emigracja

Jak powstała emigracja?
Czego to słowo dotyczy?
Dużo pytań i odpowiedzi
Ten problem od wieków istnieje
Budzi niepokój domysły
I wielkie nadzieje.

Więc nie może być inaczej
To jest coś co w głowach siedzi
I planuje przenosiny z jednej do drugiej krainy
Powodując otrzęsiny.

Dużo tego

A początek emigracji
Tak naprawdę wziął się z nieba
Adam z Ewą mieli słodko
Nic im nie było potrzeba.

Po co przeprowadzka z raju
Do krainy której nie znają
Mieli w raju tak wspaniale
Darmowy domek i jedzenie
Basen kościół i kawiarnie.

Darmowe ubezpieczenie
Krowy kury nawet kaczki
Młode w stawach krokodyle
I doprawdy zwierząt tyle.

Cały rok wakacje płatne
Wyjazdy służbowe prywatne
Wszystkiego pod dostatkiem mieli
I się nigdy nie starzeli.

Proszę bardzo pierwsi ludzie
Tak po prostu głupio – gładko
Przez głupiego ot tam węża
Dali nabrać się na jabłko.

Ale tylko spróbowali
I niczego nie ukradli
Żeby choć przez politykę
Ale przez głupstwo podpadli.

Pan Bóg rzekł   moi kochani
W raju słuchać się potrzeba
Dał im tylko dwie godziny

Na wyprowadzenie z nieba.

Brama nieba się zawarła
Ewa omal nie umarła
Niespodziewane sensacje
Mamy pierwszą emigrację.

Dobrze było leniuchować
Cóż teraz trzeba pracować
I to nawet w pocie czoła
A w nocy zwierząt pilnować.

I od Adama i Ewy
Zaczęły się kłótnie i gniewy
Lecz godzili się pod kołdrą
Czyniąc emigrację dobrą.

Dużo wiatru wody słońca
Ewunia kobieta gorąca
Pierwszy roczek drugi trzeci
Stworzyła się dzieci gromadka dzieci
I coraz większa rodzina.

Wnet wyrosło duże plemię
Zaludniło całą ziemię
Mało ziemi naszła bieda
Trzeba było iść daleko
Za wodą szukać chleba.

Emigracje pokojowe
Nowe rasy i języki
Pan Bóg wolę swą wypełnia
Emigrację wciąż dopełnia.

Dużo tego

Emigracja pozostała
Nikt tu nie jest temu winny
Ktoś opuszcza kraj rodzinny
I go bardzo boli serce
Przerażony czasem wielce
Choć go szatan mocno kusi
Chcąc żyć to pracować musi.

Strawa nie przychodzi sama
Nie musi udawać Adama
Bo to teraz inne czasy
Oszczędza zarobi kasy
Bo musi utrzymać rodzinę.

Lecz gdy się pracować nie chce
I lenistwo w paluszki łechce
Emigracja z każdym rokiem
Zaczyna wychodzić bokiem.

Straszą go zmory i duchy
Brakuje siły hartu i otuchy
Może wpaść w różne nałogi
I szybko wyciągnąć nogi.

Emigracyjni panowie
I wasze przepiękne żony
Pomyślcie zanim to uczynicie
Emigrować to pomysł szalony.

Odbija się to na psychice
Nie będziesz noszona w lektyce
Nikt ci za darmo nic nie da
Nie tyrasz to koniec i bieda.

Więc skoro już chcesz emigrować
Nie musisz niczego żałować
Nie można się nad sobą litować
Lecz wyrzec się może nałogu
Pracować i ufać Bogu

Jak Adam i Ewa w poduchy
Emigracyjne zuchy
Nie płakać nie jęczeć nie biadolić
Tym co jest musisz się zadowolić.

Duże i małe słowa

Trudno zrozumieć pewne problemy
Wysiłek duży i nic nie wiemy
Wydaje nam się że czas jest stały
Oczy nie jedno może widziały
Lecz tak niewiele zapamiętały.

Co można istnień wielkością mierzyć?
Trudno jest bardzo kochać i wierzyć
Z nieskończoności na samej górze
Padają słowa małe i duże.

Dzień zmartwychwstaje ciągle się budzi
Powraca życie w ogromnym trudzie
Ziemia przygarnia żywe istoty
Przeżywa z nami upadki i wzloty.

Tak podwaliny życia podwoje
I kataklizmy wojny podboje
Wielcy uczeni przez świat stworzeni
Ciągle odchodzą do matki ziemi.

Dużo tego

Zostają nawet dzieła niemałe
I słowa duże i słowa małe
Żywej nauki mocne przekazy
Brzmią jak triumfalne potężne dźwięki
Technicznej myśli cywilizacje
Poparte siłą i boskim wdziękiem.

Ziemia duchowo niepokonana
Co krwią i potem ludzkości zlana
Dzielna wspaniała i uroczysta
Jest ciągle żywa piękna przejrzysta.

Życie się rodzi ciągle od nowa
Padają wielkie i małe słowa
Poparte siłą boskiego ducha
A w sercach rośnie nowa otucha.

Każdy dzień pierwszy i nie ostatni

Ranek nastaje promienny święty
Budzą się ze snu różne talenty
Rodzą nadzieję i piękne słowa
I świat ożywia się wciąż od nowa.

Wszystko co widzisz jest takie boskie
Skomplikowane zarazem proste
Wyrwane z nocnej sczerniałej matni
Dzień może pierwszy i nie ostatni.

Jak wykorzystać to co nam dane
Biegać i tańczyć trenować ciało
Proszę szeroko otwórzcie oczy
Wszystko osiągnąć i wciąż za mało.

Czyś jest siłaczem może mięczakiem
Mieszkasz gdzieś w mieście graniczysz z prerią
Zawsze pamiętaj i dane życie
Traktuj poważnie zawsze na serio.

Być może jesteś dobrym doktorem
Masz młode serce które jest chore
Może zbyt mało czy dużo posiadasz
Zawsze się w życiu do czego nadasz.

Może nie wszystko dobrze zrozumiesz
Coś się popsuje czegoś nie umiesz
Zawsze pamiętaj że do brzyduli
Czasem się piękny książę przytuli.

Życie przysparza zagadek matni
Dzień może pierwszy i nie ostatni
Więc wykorzystuj dane talenty
Staniesz się lepszy życzliwszy święty.

Wesoła plaża

Coś takiego się nie śniło
Ale jednak się zdarzyło
Biznes kręcić trzeba umieć
I na sprawie się rozumieć.

A w biznesie różne wpadki
Umiejętnie sadzić kwiatki
Trzeba jeszcze je podlewać
Żeby wzrostu się spodziewać.

Ale wnikam w pewną sprawę
To poniżej jest ciekawe

Dużo tego

I zdarzyło się w okolicy
Tu pomogli zakonnicy.

Wyszedł Stefan na ulicę
Wiejską ścieżkę czasem startą
I zobaczył zakonnicę
Z księgą wymownie otwartą.

A i rozum miał bestyja
Więc pomyślał dobrze w porę
Trzeba będzie w tym temacie
Porozmawiać z pastorem.

Ale Stefka aż przeraża
Naokoło stara plaża
Tu daleko na Mazurach
Taka prosta zwykła dziura.

Ludzie biedni ziemia licha
Piwo po złoty dwadzieścia
Nie przeżyjesz do pierwszego
Gdy nie pożyczysz od teścia.

Trzeba zacząć trochę strachu
Pomyślałem sobie Stefan
Wykorzystam okolicę
I dorobię się niebawem.

Wydzierżawię starą plażę
Jak zaproszę zakonnicę
Na plażową okolicę
To dopiero im pokażę.

Udało się i powiodło

Pastor poświęcił pejzaże
Zakonnic około dwudziestu
Zaludniło jego plażę.

To nikomu się nie śniło
Niejednemu i niemało
Serce z piersi się wyrwało
I na dole uwierało.

Zakonnice w czarnych sukniach
Które wiatr podwiewa łechce
Oczy szeroko rozwarte
I nikomu spać się nie chce.

To nie grzech jest czy występek
Zapłacisz pokażą ci pępek
Serce zawsze mocniej bije
Kiedy ujrzysz coś niczyje.

Mnóstwo gości wczasowicze
Siedzi w budce kasę liczy
Słońce jasno cudnie świeci
Cieszą się starsi i dzieci.

A o czwartej już nad ranem
Ciała roznegliżowane
I ogniska wielkie płoną
Możesz znaleźć narzeczoną.

Oczywiście myśl człowieku
Wszystko zależy od wieku
Dzieci teraz mocno chrapią
Co niektórzy nawet sapią.

Dużo tego

Ale frajda niezła heca
Nieopodal zgaśnie świeca
Coś tam komuś szepcze w uszko
Gdzieś tam zaskrzypiało łóżko.

On o kasie wielkiej marzy
Już niebawem kupi plażę
Z pastorem jest w przyjaźni
Zawsze w dwójkę będzie raźniej.

Nasze piękne zakonnice
A ich lica boskie blade
Myśli wszystko będzie dobrze
Z pomocą boską da radę.

Deszczowa pogoda

Co robić kiedy deszcz chlupie
Smucić się drapać po d...
Wlepić oczy w zamazane szyby
A może tak udać się na ryby.

Czytać książkę może smucić
Wyjść na zewnątrz zmoknąć i wrócić
Wkurzać się na niby spać
Modlić się by przestało lać.

Naukowa to zasada
Deszcz jest wolny a więc pada
Więc się chmury czarne chmurzą
Wody nigdy nie jest za dużo.

Patrząc w niebo gdzieś do góry
Skąd się biorą mroczne chmury

I na niebie zawijasy
Kręcąc wstęgi w dziwne pasy.

Choć pogoda dziś nie fajna
Woda z chmurki ma ochładzać
Deszczu nigdy nie powstrzymasz
Trzeba się na wszystko zgadzać.

Miła pani drogi panie
Wszystko sprawia przyciąganie
Bo deszcz pada nie na smutki
To nie okazja do picia wódki
Niech pada choć stawy bolą
To wszystko jest pod kontrolą.

Deszcz potrzebny jest naturze
A więc zrasza piękne róże
Wszystkie lasy trawy łąki
Kwiatów wijące się pąki
Ożywia przyrodę i rolę
Spełnia zatem boską wolę.

Obraz po bitwie

Spalona ziemia ogromne zgliszcza
I dziwna pustka złowrogie jęki
To bezmyślności ludzkiej przyczyny
Ciał konających okrutne męki.

Na wstrząsające straszne widoki
Płaczące słońce całun nakłada
Wraz z pełzającym dymem armatnim
W bezdenny głuchy smutek popada.

Dużo tego

Zniszczona ziemia teraz niczyja
A ciała zmarłe szarpie szarańcza
Całunem śmierci ciemność ogarnia
Konającego jęki zakańcza.

Twarze zastygłe otwarte oczy
Wpatrzone w przestrzeń w grymasie bólu
I wyszarpane z ciał nagie dusze
Przechodzą piekieł i mąk katusze.

Strzępy budowli zwęglone drzewa
Powyrywane z gór wielkie głazy
Zamilkły spory groźby i krzyki
Nacierających wodzów rozkazy.

Zło zmogło dobro szatan zwyciężył
Bóg nad wybranym ludem się schylił
W wymianie boskim dla konających
Świetliste bramy nieba uchylił.

Miliony istnień dorobek ludzki
Zebrała wojna okrutne żniwo
Bezmyślność ludzka chytrość i chciwość
Zmiotła nadzieję na przyszłość prawdziwą.

To koniec nastał apokalipsa
Ludzkości istnień w nicość obraca
Nadzieje ludzkie troskę i prawdę
Jednym szarpnięciem nagle zatraca.

W kolejce do nieba

Zostałeś wypchnięty z kolejki do nieba
Przed samym końcem z pięknej alei

Strudzony bardzo mokry zziębnięty
I pozbawiony wszelkiej nadziei.

Lat zmarnowanych było potrzeba
Żeby w kolejce stanąć do nieba
Zbolałe ciało duszę wypchało
Tylko o parę kroków za mało.

Wrócił do ciała a ciało znikło
Nie znalazł grobu co zrobić z duszą
Trzeba się teraz błąkać i trudzić
Nigdy nie zasnąć i nie obudzić.

Posiadasz ciało a w ciele duszę
A tak niewiele w życiu potrzeba
Nie pozwól byś został wypchnięty z kolejki
Myślami zdążaj zawsze do nieba.

Czy warto

Warto raniutko otworzyć oczy
Na nowo duszę w ciele obudzić
I przez dzionek cały pracować tęsknić
By swoje członki troszeczkę strudzić.

Kto wie co dzisiaj może cię spotkać
A może poznasz kogoś przypadkiem
Odwiedzisz siostrę i przyjaciela
Być może chorą w szpitalu matkę.

Ranek mknie szybko dzień taki krótki
Można po prostu napić się wódki
I ukojony zasnąć na polu
W cudzym ogrodzie gdzieś pod topolą.

Dużo tego

Jesteś rolnikiem pracujesz w biurze
Sprawy maleńkie być może duże
Wracasz do domu widzisz w naturze
Ktoś namalował jaja na murze.

Biegniesz do domu a pisk opony
Ktoś przeklął głośno gburze szalony
To taksówkarza mina tak wściekła
Masz chłopie szczęście spadaj do piekła.

Na rogu stragan sprzedają róże
Kwiaciarka robi oczęta duże
Coś pan oszalał czterdzieści róży
Co i dla kogo wydatek duży.

Co mi tam kasa
Coś mnie olśniło
Oczy kwiaciarki bardzo zdziwione
Chciałem coś mówić głos mi się łamie
Czyś pan zwariował to kwiaty dla mnie.

Nigdy się tego nie spodziewałem
W tej właśnie chwili się zakochałem
W pięknej dziewczynie o czystym sercu
Znajomość kończy się na kobiercu.

Życie jest piękne warto się trudzić
Wieczorem zasnąć rankiem obudzić
Nie próbuj asa przebijać kartą
Bo przegrasz życie a to nie warto.

Kot i mysia dziura

Kto jest przebiegły to pojmie w locie
To jest historia o mądrym kocie
Co przegrał bitwę ze zwykłą myszą
Bo to prawdziwe niech wszyscy słyszą.

Kot był uczony służył u pana
Zawsze go panicz pogłaskał z rana
Skakał do góry gdy pan zaklaskał
Pił ciepłe mleczko i tylko mlaskał.

Pewnego ranka kot się przeciągnął
I wazon kwiatów na siebie ściągnął
Głośno zamiauczał spojrzał do góry
Przypadkiem wleciał do mysiej dziury.

Kot był przebiegły dobrze się schował
Przez cały miesiąc dziury pilnował
Srożył się przy tym i mocno wściekał
Miesiąc przeminął ale on czekał.

Myszka niebawem zyskała pana
I smaczne mleczko spijała z rana
Mądrego kota zaś spotkał pech
Pilnując dziury kocina zdechł.

Gdy coś zaczynasz to pomyśl kotku
Dziura czasami jest pusta w środku
Ktoś zaniemówił cóż nic nie słyszę
Kot został jawnie zrobiony w myszę.

Pomyłka w Komie

Nie do wiary taka zmyła
Sprawa nie bardzo tak mała
Ta afera jednak była
I miliony kosztowała.

Ale szajka to pokryła
Ktoś dołożył byli tacy
Za wciśnięcie innej wersji
Wzięli forsę to ci lepsi.

Wszystko sprawnie odwrócono
Przekręcono i jest cacy
Winę tu kalendarz poniósł
Oskarżono go o zbrodnie
Bo to chyba i najlepiej
I po prostu jest wygodniej.

To przez zmiany jednej daty
Omal nie spłonęły światy
I nie doszło do trzeciej światowej wojny
W czas wakacji tak spokojny.

Sprawcą zdarzeń był szef Komo
Wrócił raz późnym wieczorem
Z jakiejś knajpy i do domu
Popił nieraz lubił czytać
Że był taki rozgarnięty
To proszę się jego zapytać.

Ten z liczeniem też nie bardzo
Z dodawaniem do potęgi
Ale zbierał stare meble

Oraz historyczne księgi.

Ukończył wyższą szkołę Kobra
W owych czasach była dobra
Na wydziale manipulacji
I zaczął pracować potem
Wciskając ludziom ciemnotę.

Kto go uczył nie wiadomo
To jest teraz bardzo tajne
Tylko teraz to co robi
To jest głupie i nie fajne
Czasem takie bzdury plecie
Posłuchajcie telewizji
Przekonacie się dowiecie.

Sprawa rypła się o dzieło
O "Krzyżaków" Sienkiewicza
I od tego się zaczęło
Dotąd śmieje się ulica.

Pan przyszedłszy już podcięty
Na swoje apartamenty
Przed snem buchnął sobie setę
I miał udać się na metę
Gdzieś na niego czekał Iwan
Lecz zawadził się o dywan
Huknął głową o półeczkę
I rozbił czoło troszeczkę.

I wtedy spadła ta książka
Między kartki była wstążka
I zobaczył na rysunku
Polskich rycerzy w rynsztunku.

Dużo tego

Wtedy bossa oświeciło
Przecież dzisiaj ma być wojna
Wzdraga się ma jakieś wąty
Może to od uderzenia
Zrobił się rok tysiąc czterysta dziesiąty.

Tak pomyślał to jest wojna
A daleko do Malborka
Trzeba będzie szybko działać
Wojsko może utknąć w korkach
A to i czas urlopowy.

Boli go głowa lód przyłożył
Na dywanie kości złożył
Trzeba działać myśli twardo
Musimy dotrzeć do Grunwaldu.

Więc poderwę bataliony
Pomysł prosty choć szalony
Mam tam stoczyć wielką bitwę
Potem udam się na Litwę.

W łysej głowie słychać Franię
Wyżymanie oraz pranie
Przez zwyczajne poślizgnięcie
I zmiana daty na ścianie.

Północ bije alarm w Komie
Pozbierały się osiłki
Krzyki gwizdy w batalionie
I liczne przy tym pomyłki.

Sierżant komuś buty buchnął

Ktoś ukropem szefa chlusnął
Plutonowy rozespany
Wybiegł goły aż na rynek
I dopiero przestał strzelać
Jak opróżnił magazynek.

I mamy kolejne sensację
Ogłosił mobilizację
Rozdzwoniły się podsłuchy
Niektórzy przerwali wakację.

Najemnicy się zerwali
W kalesonach przyjechali
Pomalowani na czarno
W tę noc świętą i tak gwarną.

Obudzono i tych w ZATO
Baczność pręż się co wy na to
Tu nie czas jest kombinować
Trzeba zacząć kraj ratować.

I przemowa na początek
Drodzy państwo nastał piątek
Bestia do granicy idzie
Zło się tam po lasach chowa
Jakaś tam dowodzi baba
Wywiad doniósł głupia krowa.

Ponoć gruba i niemrawa
I podobno bardzo słaba
Oferuje jakieś miecze
To się z lasu ją wywlecze.

Czarne chmury są nad światem

Dużo tego

Coś w rodzaju zwykłych zombi
Zbliżają się do granicy
Ktoś już do ataku trąbi.

Więc rozkazał boss uparty
Trzeba walczyć to nie żarty
Musimy toto Komo chronić
Nikt nie może nam zabronić.

Rozebrano zatem płoty
Rozpędzają samoloty
Czołgi pali się z popychu
   Nie opieprzaj się tam łychu
Krzyczy bosso kręcąc kosą.

Błyszczą szpady tępe noże
Ale wrzawa jest mój Boże
Jak popatrzeć z lotu ptaka
Wszyscy chórem prać robaka.

A na czele tej hałastry
Wodzu macha wielkim kijem
Nikt się nawet nie śmie zbliżyć
Bo niechybnie go ubije.

A za wodzem gęś z motyką
Robiąc głupią minę dziką
Pierwsza dama dzierży dzidę
Krzycząc głośno k.. idę.

I ruszyła karawana
Tak o pierwszej w nocy z rana
Przejechali przez miasteczko
Przez most nowy i ten stary

Sto czterdzieści na liczniku
Nie zważając na radary.

Kondukt zaciemniony dziki
Pozapadane błotniki
Gąsienica się urwała
I drogę porysowała.

Droga kręta nowa zmyłka
To nie trasa jest na Malbork
To Wołomin i Kobyłka
Uradzili skok na Grunwald
A po drodze będzie Mętna
Niedaleko od Malborka
Dalej to już droga świetna.

Pędzą wozy konie kozy
Jucznie osły zaprzężone
Karabiny i rusznice
Lufy w Malbork zawrócone
Świece dymne len niestety
Zapomnieli wziąć rakiety.

Wszystko na koszt podatnika
Droga pewna do sukcesu
Wtem ktoś mądry wpadł na pomysł
By skorzystać z dżipiesu
Zatem odwrót idą twardo
Na Malbork i do Grunwaldu

Nagle z Komo ktoś się kapnął
Ale już się rozwidniło
Że się komuś tam z dowództwa
Coś w rozumie pochrzaniło

Dużo tego

Gąsiak zrobił straszną minę
Aż się niebo rozjaśniło
I uderzył wodza w czoło
Aż tamtemu się ściemniło.

Wódz zobaczył inne światy
Zrozumiał że pomylił daty
Nie oddał skończył na gniewie
I zatrzymał się na drzewie
Udając że nic a nic nie wie.

Cała sprawa się wydała
Owszem jest piętnastego lipca
Ale rok dwutysięczny szesnasty
To o sześćset lat za długo
Zawracamy do stolicy
To już będzie mniejsza draka
Lepiej będzie wrócić szybko
Szkoda czekać na krzyżaka
Nie da się odwrócić daty
Zawracają do stolicy
Boss i jego najemnicy.

To nie problem co pretensja
Zaczęła się konferencja
Żeby sprawę zatuszować
I wyjść z miną nie tak głupią
Ogłoszono w telewizji
Ludzie każdą bzdurę kupią.

Reporterzy nagadali
Że wojnę to oni wygrali
Tutaj data nie gra roli

Stanisław Pysek Prusiński

A zginął rycerz co piąty
Że dzisiaj jest rok dwutysięczny szesnasty
A wczoraj był tysiąc czterysta dziesiąty.

Mała zmyłka nie ma sprawy
Sześćset lat tu nie gra roli
Kto nie będzie się z tym zgadzał
To się gościa wy...

Prokurator przejrzał sprawę
I została umorzona
Jest wspaniale brawurowo
Cała wojna zakończona.

A za męstwo są ordery
I kapucha też nie licha
Podniesiono więc podatki
Od mleka karmiącej matki
Sprawa rozmazana w mydło
By z worka nie wyszło szydło.

Szef pozostał na urzędzie
Klika dalej brawa bije
I nie myśli o odwyku
Tylko dalej daje w szyję.

Ktoś rozgrzeszył go trzykrotnie
Tylko trochę się pomylił
Bo przeżegnał go odwrotnie
A wszyscy na to patrzyli
Ale nie interweniowali.

A co dalej nie ma sprawy
Coś czytelnik tak ciekawy

A może nawet ciekawa
Zmiana daty mała sprawa.

Za mundurem panny sznurem
A za kiecką ktoś ze świeczką
Bosso orzekł że to dzisiaj
Nasze samoloty lecą
Tak jak ustaliło Komo
A gdzie lecą nie wiadomo.

W Komo sprawa jest zawiła
A i niezbyt honorowa
Tu co drugi egzorcysta
Swoje grzechy skrzętnie chowa
A obrady w ciche noce
Każdy uzbrojony w moce.

Młodość i starość

Młodość i starość to dwa przypadki
Co z perspektywy jest kwestią godzin
Tyle lat przeżyć stawać się mądrym
I nie pamiętać swoich urodzin.

Na świat przyszedłeś dostałeś szansę
Jesteś człowiekiem a nie szympansem
Bóg cię obdarzył w duszę i serce
Wszystko za darmo a żyć się nie chce.

A to dlaczego? A życie krótkie
Co zatem czynić śpiewać pić wódkę
Czy podróżować i często schylać
Lub się męczyć po prostu styrać.

Stanisław Pysek Prusiński

Jak więc pogodzić i na co przystać
Zatem jak dany wiek wykorzystać
By przeżyć życie już od poczęcia
Bo w życiu zawsze jest coś do wzięcia.

Schody dzieciństwa kwiaty młodości
Radosne chwile dni samotności
Sprawy maleńkie i bardzo duże
Wszystko zawdzięczam pięknej naturze
Co wszystkie więzy niewoli zrywa
Wszystko co żyje boskim nazywa.

Rozterki bóle zwykłe marzenia
Tak od narodzin są do spełnienia
Życie to prawda tu trzeba kluczyć
Zaczynać ciągle się uczyć
Trenować ciało ducha wzbogacać
Zawsze do przodu i nie zawracać.

Młodość minęła starość nastawa
Ciągłe dojrzenia czasem obawa
Wspomnienia księgi i zdjęcia szare
Wszystko sensowne na jakąś miarę.

Tak od dzieciństwa aż do starości
To doświadczenia boskiej miłości
Ciągle za mało i dusza łaknie
Ktoś obserwuje przygląda się bacznie
Wyciąga wnioski to ten ktoś boski
Więc się nie martwcie go góry noski.

Inne czasy

Coś się stało świat się zmienił

Dużo tego

To czas z losem się ożenił
Więc nastały dziwne zmiany
Nie przykładaj nic do rany.

Niechaj krew ciurkiem leci
Zmienili się starcy i dzieci
Mówią że to nic nie szkodzi
I zwyczajne pokemony
Dlatego świat jest taki szalony.

Materializm jest na mecie
Ktoś głośno się modli w meczecie
Ktoś tam kogoś zdzielił kijem
I wylał na głowę pomyje.

Ferdka dopadł ostry zator
Teściową przejechał traktor
Kota ktoś podpalił żywcem
A sowa zawisła na śliwce.

Nad miastem powstała trąba
Gdzieś w barze wybuchła bomba
Zamachowiec taki młody
Zabił się o głupie schody.

Na boisku głupia zmyłka
Bramkarza zabiła piłka
Ktoś kopa zasadził z flanki
Do dziś nie znaleźli bramki.

W szafie znaleziono mole
Panika wybuchła w szkole
Bo się pojawiła mysz
I dzieci się boją od dziś.

Ktoś z koła podpieprzył powietrze
I puścił bąka w najlepsze
Sołtysowi wcięło kwity
I leży w chlewku napity.

Żeby koło w wozie zmienić
To musisz się najpierw ożenić
Albo z córką czy macochą
I z jedną i drugą po trochu.

Kardiolog już leczyć nie chce
Ktoś mu w nocy buchnął serce
A to stało się nad ranem
Prześcieradło zapaćkane
To nie było jego winą
Więc chodzi na plecach z maszyną.

W armii zmiany i podboje
Dziś skończyły się naboje
A więc wojny mamy z głowy
Dubeltówki do śmietnika
Niezła nowa polityka.

Można teraz biegać boso
Wstawać do roboty z rosą
Skarcić nawet i szatana
Tylko w nocy nigdy z rana.

Demokracja po całości
Zaprosili mnóstwo gości
Co im teraz gwałcą żony
Pomysł głupi i szalony.

Dużo tego

Stąd ogromne są pretensję
Rząd podnosi sobie pensje
Wacek kupił smartfona
Choć to pomysł pomylony
Jedna żona dwa smartfony.

Bać się musisz i w kościele
Fakt to teraz oczywisty
Teraz pastor ciebie straszy
Masz być zatem w duchu czysty.

Życie można szybko skrócić
Na obiad do domu nie wrócić
Bo ci kapo wlepi trzysta
Lub zastrzeli terrorysta.

Cóż więc działać w tym temacie
Płakać bać się upić w chacie
Albo kląć zamknięty w kozie
Czy zawisnąć na powrozie.

A przysłowie rzecze stare
Zgrzeszyłeś więc wymierz sobie karę
Bo nie masz innego sposobu
Nie daj się odgonić od żłobu.

Kop się z koniem nie z traktorem
Uważaj bo serce masz chore
I uszanuj demokrację
Tu starszy stopniem ma rację
Demokracja jest za zgodą
Śledzia nie popijaj wodą.

Chwile

Sekunda minuta godzina nasz czas
Te chwile żyją wraz z niepokojem
Wydaje się że jestem taki odważny
A jednak ciągle się czegoś boję.

A rzeczywistość nie ma wymiaru
Jest inna zmienna i ciągle trwa
Nie zapanujesz nad własnym ja
Obliczono nas na małe chwile i to tyle
To część twojego ja
                              Ba
Powiem sobie i tobie
Nie decydujesz o sobie.

Wydaje się tobie że jesteś mądry
Bogaty nieugięty niczym święty
Maleńka chwilka zadyszki w planie
I nie ma ciebie pani czy panie
Na przestrzeni życia ciało połączone z boskim duchem
Opatrzność kieruje najmniejszym ruchem.

Zgodnie z wyższej i rozumnej istoty zgodą
Żyjesz z przyrodą i patrzysz w górę
Możesz ujrzeć tylko pełzającą chmurę
Napełnioną wodnistym wieńcem
I nic więcej.

Ala i mąż

Powiedziała pewnego popołudnia
Do swojego męża Ala
   Mój drogi zrób coś proszę

Dużo tego

Nasze auto jest stare i już się rozwala
Mógłbyś zatem kochany poradzić w tym temacie
A nie siedzieć bezczynnie i tylko p... w gacie.

Słysząc to mąż Ali o imieniu Adam
Odrzekł krótko
  Kupię nowe i prawdę powiadam
 Tylko jak przestaniesz się spotykać za murem
  Z naszym nadętym sąsiadem gburem.

Usłyszała to Ala żona Adama
I nic jej teraz nie powstrzyma
Że mąż wie o romansie z sąsiadem
Teraz wyjścia żadnego już nie ma.

Idąc za czarta namową
Zastrzeliła męża Adama
Nikt nie powinien się o tym dowiedzieć
Już teraz nie będzie sama.

Ale Adam ją przechytrzył
Podmienił w magazynku naboje
Cwaniak udał że nie żyje
Ona strzelała ze ślepaków
On farbą ubrudził szyję.

Sąsiad to widział z bliska
Wpadł w nerwy i tak się zbiesił
Że nie zwlekając na sznurze
Na ganku się powiesił.

Tak to niefortunnie wyszło
Koniec miał być inny
To tak jest gdy ktoś trzeci

Psuje ład i spokój rodziny.

Wyjdź za mnie

Jadący państwo młodzi do ślubu
Kłócili się w bramie
Panna młoda wrzeszczała
    To ty masz wyjść za mnie.

Młody czerwony ze złości rzecze
    Na to się nie godzę
    Coś ci się miła pokręciło
    Nigdzie nie wychodzę.

    A za kogo to niby mam wyjść
    Ja przed tobą stoję?
    Coś mnie zaniepokoiło
    I dziwnie się boję.

Przejeżdżał właśnie młody student
Zatrzymał się koło bramy
    Chyba jestem w teatrze
    Co tu teraz gramy?

Zerknął raz na młodego
Drugi raz na pannę
Nie namyślając się dłużej
Popatrzył paniencie w oczy
I roztropnie z wdziękiem
Poprosił o rękę.

Gdy to panna usłyszała
Olśniło to panią
I zrozumiała dosłownie

Student chce wyjść za nią.

Przyjrzawszy się tej sprawie
Niełatwo jest przewidzieć
Lepiej dobrze się zastanowić
Żeby lepiej widzieć.

Można snuć rozmaite wersje
Mieć różne poglądy w sprawie
Ale pomyśleć co się może stać
I o coś za wcześnie się bać.

Nie szastaj

Nie szastaj
Powiedziała do dziobatego jeża
Napuszona stawna flądra
    Chodzi o twoje głupie kolce
    Ja to jestem mądra
    Zachowuję się jak przystało flądrze
    Pływam w mokrej wodzie
    Udzielam się pomagam
    Bo to teraz w modzie.

Jeżyna podniósł łapki
I pogroził palcem
    Jestem zwyczajnym jeżem
    Nie jakimś padalcem.

    Mam swoje własne kolce
    W które mocno wierzę
    Kto mnie pierwszy nie stuknie
    Pierwszy nie uderzę.

Pilnuj więc zatem droga flądro
Swojego biznesu
Nie doprowadzaj biednego jeża
Do jakiegoś stresu.

I stało się przez przypadek
Flądra wpadła w sieci
Wypatroszona i upieczona
Że aż ślinka leci.

I czeka nas kolacja
Wykwintna i świeża
A co by było wtedy gdyby
To spotkało właśnie tego jeża?

Nie dodawaj

Bądź porządny nigdy nie dodawaj sobie
Rób wedle przykazań a powiadam tobie
Oddaj wszystko co zarobiłeś
Talary diamenty
Nie kłopocz się
Módl się i pracuj bez przerwy
A staniesz się święty.

Nie opuszczaj żony bliźniego
Gdy temu nie staje
Nie odszczekuje się mamusi
Choć czasami złaje.

Rób jak jest przykazane
Nie masz dużo czasu
Uprawiaj sport gimnastykę
Nie unikaj lasu.

Wszelkie prośby i roszczenia
Zostawiaj w tym lesie
I czekaj cierpliwie czasu
On lepsze przyniesie.

Cena zdrowia

Tryskał zdrowiem że tak powiem
Była zamieć stracił pamięć
Jest inny niewyraźny niepoważny
Nieodważny.

Wiadomo co jest najważniejsze
Że zdrowie to po pierwsze
A co tam sprawy mniejsze czy większe
Przekona się ten kto je straci.

Coś boli głupie miny
Masz kłopoty ze sobą
Tracisz czas na chorobę
Ktoś umarł bo stracił zdrowie
Nie zdążyło przyjechać pogotowie.

Przyszła niestety pora
I to nie z winy doktora
Śmierci zmora jest wszędzie
Tak było jest i dalej tak będzie.

Kontroluj się

Kontrolując się nawzajem
Czy to z dużym jest pożytkiem
Żona kontroluje męża

A sypia z sąsiadem Wickiem.

A ogólnie to kontrole
To zaczęły się już w raju
Sytuację kontrolował szatan
Co się zaszył w cichym gaju
I kontrolując Adama
Wyszła z tego duża plama.

Kontrolując z dobrą sprawą
Trzeba mieć do tego prawo
Ale różnie to się dzieje
Gdy w kontroli są złodzieje
Stąd mamy sprawę nieładną
Co odkryją to ukradną.

Kontrolowane są grzechy powszednie
Przy spowiedzi gościu blednie
Nie ma nic do powiedzenia
Nie otrzyma rozgrzeszenia.

Są kontrole rządowe i z miasta
Kontrolujących ciągle liczba wzrasta
Dużo miłych licznych gości
Pełnych werwy i miłości.

Zdarza się że ten z kontroli
Takich błędów na...
Że na krześle nie usiedzi
Ten co te poczynania śledzi.

Inspektorzy specjaliści
W środkach pełni nienawiści
Czyniąc powinności swoje

Dużo tego

Ukradną twoje i moje.

I nie przebierają w środkach
Używając przy tym młotka
A to sprawa jest ciekawa
Wszystko zgodnie według prawa
A w kontroli są układy
Nie dogonisz nie dasz rady.

Rada dla kontrolera:
Szanuj siebie słuchaj waści
Bóg rozumiem cię obdarzył
A więc odpuść rzuć przekręty
Bo ci mogą przypiec pięty
Namaszczenie jest tuż tuż
Czas naprawić to i już.

Intencje nieczyste

Tak myślano i naprawdę
On by się na urząd nadał
Tu nie trzeba się obawiać
Jego zwierzchnik wszystko zbadał.

Rządził lat około dziesięć
Tak napełnił własną kieszeń
Że aż sejfa rozerwało
A było tego niemało.

Nawet na emeryturze
Robi sobie jaja duże
Ale jakie wstyd powiedzieć
Już dawno powinien siedzieć.

Ale nie w zwykłym więzieniu
Tylko na Sybirze w cieniu
Żeby mu przymarzły pięty
Za te ogromne przekręty.

Ale ci co za nim stoją
Czas się zmienił też się boją
Często chodzą do spowiedzi
Chociaż nadal ten zły w nich siedzi
I to dalej trwa zaiste
Bo to są intencje nieczyste.

Ogłoszenie matrymonialne

    Za wieloryba chyba się wydam
    On też na mnie często gdyba
Rzekła ryba do szczupaka.

Szczupak odrzekł na uwagi
    Ta sprawa wymaga rozwagi
    Toż to kolos tyle wagi
    Nie chcesz mnie weź wieloryba
    Ale to zły wybór chyba.

I spotkała wieloryba
Jak na wodzie się unosił
On nie czekając długo
Do środeczka ją zaprosił.

Na dobranoc rzekł   mój kotku
    Pozostaniesz w moim środku
    Czynię to z wielkiej radości
    Spodziewam się więcej gości.

Doda

Doda mu rękę poda
Trochę stary ona młoda
Nie oddala się od niego
Dobrze mieć kogoś bliskiego.

Uroczyście Dodę wita
Ta o zdrowie go się pyta
Cóż Doda psuje powietrze
To zadanie nie najlepsze.

To jest prawda i nie bajka
Doda to palacza fajka.

Dusza z ciałem

Dlaczego kłopotów niemało
Czy dusza jest winna czy ciało
Bo ciało widoczne i czasem stargane
A dusza niewidka i co tu jest grane?

Teoria z praktyką to siostry rodzone
I ciało dla duszy zostało stworzone
A po co to wszystko
   Kto na to odpowie?

Osoba ma ręce i nogi i głowę
A duch całe ciało porusza
Lecz czas nie próżnuje i osłabia ciało
Dlatego podkurza się dusza.

Bujawka bez przerwy poszarpane nerwy
   Jak opanować a juści?

Więc duszka wydmuszka wygląda zza łóżka
I myśli czas ciało opuścić.

Zmęczone do zera i ciało i kości
I smutek strasźliwy zaniki radości
Przekręcił się człowiek i dusza odchodzi
To taka powinność tak trzeba
Widocznie na górze zakończył się proces
Wynikła niezbędna potrzeba.

Stąd ciągła niepewność i liczne pytania
Modlące się światy z samego zarania
A życie się toczy wytwarza nadzieję
To nic czasem słabnie lecz dusza jaśnieje.

Sześć tuzinów

Wszelkie kolory zapytaj a znajdziesz
Paryska róż niebieska otchłań papieska biel
Ręka artysty wzrok z naruszenia
Ta moc kolorów wprawia w natchnienia.

Rodzi się sztuka gdy Pysek Dariusz sięga po kredki
Niczym po kawał pędzla
To awangarda plebs jeszcze błądzi
Kiedy docenią czas to osądzi.
Dariusz Pysek Junior.

Szanse i tuzinów sześć

To bardzo rzadko się zdarza
I proszę mamy następcę pisarza
Pysek Senior ma nadzieję
Że Junior Dariusz z potrzeby serca

Będzie rozwijał poezję i stanie się doskonalszy
I mądrzejszy jako syn i spadkobierca.
Stanisław Pysek Senior.

Problemy

Kto nie ma problemów
Nie istnieje i się nie liczy
W problemie jest dużo słodyczy
To prawda i nie ma tu ściemy
Ponieważ problemy mamy wszyscy
Choć nieraz nic o nich nie wiemy.

Jest problem w kosmosie z pogodą
Staremu się nie prostuje a ma żonę młodą
Łysy ma kłopoty z włosem a teściowa z zięciem
Stara pani królowa z młodszym od siebie księciem.

Kłopoty może mieć córka motocyklisty
Co przez prędkość zgubił opony
Pomylił zakręty
I motocykl ma rozwalony.

Problemy mają również leśne węże
Zdradzona żona przez męża
Pastora kłopoty z tacą
Nie dali i wypić nie ma za co.

Złodzieje hakerzy fryzjerzy wandale
A któż nie ma problemów wcale
Tylko osobnik w trumnie
Choć stara się jak umie
Niczego nie rozumie.

Tak z reguły bywa
Że nigdy się nie odzywa
Nie narzeka nie przeczy
Nie czeka i nie beczy.

Twierdzenie może i trochę głupie
On nie ma problemów
I choć go może swędzi
Nie podrapie się po d..

Nowa królowa

Polityczne dostała kwiaty
I dlatego ta impreza
Uśmiechy pochodnie i wielkie brawa
A na koniec popijawa.

Córka egzorcysty powiadają
Witana solą i gorzałą
Aż dziwne to jest jak cud
Że to się jej właśnie udało.

Ale to nie jest wygranej powód
Tu chodzi o pewien dowód
Sprawiły to głupie rozumy
I obietnice że powstaną złote okręty
Ulice i szklane domy.

Ona siedzi w lektyce dumnie
A choćby i nawet chciała
Nic z tego nie rozumie
Płakać czy śmiać się nic z tego nie ma
Bo córka króla jest głuchoniema.

Po minie na jej twarzy widać
Że się niczego nie wstydzi
Bo ona ma wadę oczu
Od urodzenia nie widzi.

Nie widząc nie słysząc nie mówiąc
To nawet i łatwiej jest rządzić
Cóż zatem jak przeciwdziałać
I sytuację osądzić.

Pakiet dobroci

Obdarzeni tożsamością i dobrocią
Zmęczeni całodniową pracą
Spoczywamy na rozłożystym fotelu
I poskładanym myślowym modelu.

Oczekiwaliśmy więcej
Lecz nie wszystko tak się poukładało
Czy czasu było za dużo
A może jednak za mało.

Co dzień nam jutrzejszy przyniesie
Dobrego czy coś się nie sknoci
Starajmy się dobrze korzystać
Z naszego pakietu dobroci.

A kiedy już mowa to wiecie
O takim dobroci pakiecie
Zawiera on dobre strony
Spójrz będziesz zadowolony.

Nie można pakietu kupić
Zamówić czy skredytować

Można otrzymać za darmo
By umieć z niego korzystać
Przykładem życiową karmą.

I wtedy to budząc się rankiem
Radośni i uśmiechnięci
Staniemy się inni wytrwalsi
Promienni niemalże święci.

Gadatliwy mruk

Czy to jest wada mieć coś z gada
Ciągle w mózgu jeden dylemat
A jak orzeknie to bardzo głupio
I idiotycznie bo nie na temat.

Patrząc posępnie z twarzy głupiej
Wycieka dziwny wyblakły trąd
To tak wygląda jakby go kiedyś
Bardzo boleśnie poraził prąd.

Słucha a oczy jego posępne
Wpatrzone w cieni niejasną dal
Nozdrza rozdęte uszy oklapnięte
Niczym przydrożny pal.

Dusza sprzedana na targowisku
Sumienie poszło też po przecenie
Ostał się jeno koślawym cieniem
Z brzuchem wypchanym zbrukaną strawą
I zwisającym w dół przyrodzeniem.

To nie idola twarz lecz frajera
Którą z chciwości pycha rozpiera

Czerwona szorstka jak otchłań morska
A na kołnierzu flaga katowska.

Ku przyszłości

Czy doczekamy może się wyśni
Ziemia bez wojen i nienawiści
I nasycona powszednim chlebem
W pełnej harmonii z niebieskim niebem.

Bez gniewu krzyku i samotności
Miłość i radość w sercach zapali
Będziemy milsi zwyczajni prości
Na równych prawach bogatsi i mali.

Wystarczy tylko chcieć i się sprężyć
By zebrać siły i zło zwyciężyć
Otoczyć cele boskim szkarłatem
I precz wyrzucić miecz i armatę.

Więc ramię w ramię z siostrą i bratem
Siać wiosną zbierać jesienią
Podziwiać zieleń przez Boga daną
I rojem kwiatów ziemię ubraną.

Tak to nie będzie

Tak to nie będzie by chłop pracował
Pan bił go batem wszystko marnował
To nie te czasy i to nie wczasy
Wszyscy się uczą na swoich plecach
Ciągle się mówi o równych prawach
Ale praktycznie to inna sprawa.

Teoretycznie to demokracja
Odbiega w boki zanika racja
Panisko z kasą śmiga płatowcem
W tym samym czasie z obory chłopa
Komornik zajął ostatnią owcę.

Nie pozwól zatem mój przyjacielu
Żeby osobnik grzebał w twoim portfelu
Sprowadzał stonki i śmieci z czajny
Klepiąc po plecach interes fajny.

Nie pozwól również niech ci to zwisa
Straszyć się sądem u Ozyrysa
I twoje grzechy na szali ważyć
Grozić że będziesz się w piekle smażyć.

Panie panowie w trudzie i znoju
Szykiem staniemy twardo do boju
Razem z sołtysem i wójtem w gminie
Pierzmy każdego kto się nawinie.

A ci z ulicy i robotnicy
Przestańcie wierzyć w bzdury i bajki
Śmiało i szybko może boleśnie
Przetrzepcie naszym rządzącym majtki
Chłop z robotnikiem i w jednym rzędzie
Przecz z oszukaństwem tak to nie będzie.

Kto zagra na weselu u świni szwagra

Czy taki szwagier to jest rodzina
Od kogo zatem pochodzi świnia
Jak bolą plecy czy to podagra
Czy jest lekarstwem na przykład viagra?

Dużo tego

Chociaż umarła teściową wini
Co można zatem przypisać świni
Ten kto nabroił drugiego czyni
I tu jest problem bardzo poważny
Kto na weselu zagra u świni?

Spasła się świnia czas znaleźć knura
Była koślawa i trochę bura
Właśnie do chlewni do wsi Prytiki
Przyjechał knurek aż z Ameryki.

Więc panna świnka podchody czyni
Tak to się biedak zakochał w świni
W oborze chętnych do żarcia wielu
Któż zatem zagra na tym weselu?

Pytała konia i konia szwagra
Krótko oderżał on to nie zagra
A tak doprawdy to nici z tego
Konie nie jedzą mięsa świńskiego.

Osioł odmówił aż się rozryczał
Pies zaskowyczał poskarżył się żonie
Żaba odrzekła że bardzo chętnie
Ale uciekła i nic tu po niej.

Indyk zaskrzeczał i z głupią miną
Zagra jak kupią złote pianino
Krowa kiwając głową kochany
Mogę poryczeć po co organy?

Wnet nastał problem i to już drugi
Pan młody świnek on też ma długi

Nie stać go nawet na zakup świni
Więc jest wkurzony i też się ślini.

Żeby mięsiwem stoły zastawić
Trzeba dla gości też świnię zabić
Sadło oddzielić zrobić kiełbasy
Nie będą tańczyć głodne wypasy.

Zrobiono zatem losy na jadło
I źle się stało że tak wypadło
Aż nie do wiary nie do ukrycia
To panna młoda jest do zabicia.

Tak też się stało z wyroczni niebem
Wesele było razem z pogrzebem
Gdy ślub się odbył stoły nakryto
Sprawnie i szybko świnię zabito.

Ta sama sprawa i blisko siebie
Jak nie popatrzeć nie było miło
Świnka nie była na swoim pogrzebie
I wszystko dziwnie się zakończyło.

Och

Witaj
Zdrastwuj
Guten morgen
Haj
Te same w znaczeniu słowa a inny kraj.

Na jednym krańcu ziemi wesoło
A na drugim szloch
Jak to się dzieje tak i dlaczego?

Dużo tego

Och!

Małe sprawy a takie duże
W zielonym ogrodzie czerwone róże
Dym widać wiatr słychać
Nawet siekierka się może przydać
To normalne czym będziemy oddychać
Jak zetrzemy powietrze na proch
To po nas
Och!

Nawiedzają nas żywioły i powietrze trąby
Rzucamy na głowy niszczycielskie bomby
Ludzie padają jak muchy i groch
Dlaczego tak się dzieje?
Och!

Niestety nic za darmo nie ma
Jakże piękna i wspaniała jest ziemia
Więc odrzućmy płacz smutek i szloch
Och!

Ziemia

Nie wszystko jest takie proste
I płynie jak rzeka wartka
Należy poważnie pomyśleć
Jak ważna nam ziemia matka.

To ziemia matka nas żywi
Pielęgnuje wyciąga ręce
Niekiedy to mamy pretensję
Żądamy wciąż więcej i więcej.

Stanisław Pysek Prusiński

My ludzie dążymy do tego
I nieraz na wszystkie sposoby
Ściągamy na ziemię piekło
Wywołujemy różne choroby.

Tak my właśnie mieszkańcy planety
Bywamy tak bardzo próżni
I nie zdajemy sobie sprawy
Co matce ziemi jesteśmy dłużni.

Twierdzimy że jesteśmy porządni
Stworzeni przez samego Boga
Lecz gdzie się człowiek pojawia
Nastaje tam wojna i trwoga.

A ziemia szybuje w kosmosie
Prawdziwa i odważna
To my nie zdajemy sobie sprawy
Jaka jest dla nas ziemia ważna.

A więc uderzmy się w piersi
Szanowni panowie i panie
To matka ziemia nas kocha
I stąd to przyciąganie.

Ziemia przyciągnie każdego
Usypia nas i budzi
I karmi matczyną piersią
Przyrodę zwierzęta i ludzi.

Nie odjadę śmiej się

Sprężyłem się dam radę
Śmiej się ja nie odjadę

Dużo tego

Nie wiem dokąd miła wiać
Więc się możesz do mnie śmiać.

Tak się cieszę jest przyjemnie
Lubię kto się śmieje ze mnie
Ale gdy się mizdrzy do mnie
Jeszcze mocniej i ogromniej.

Dzisiaj w nocy miałem sen
Więc się śmiałem cały dzień
Od zmierzchu do później nocy
Lecz sen miałem nie wiem o czym.

Studiowałem astrologię
Chemię oraz psychologię
Liznąłem i etap fizyczny
Jestem mądry i muzyczny
Otrzymałem i cóż z tego
Tytuł doktora śmiesznego.

Otworzyłem dwa szpitale
Czynne tylko w karnawale
Leczę śmiechem śpiewem tańcem
Co drugi jest tam na bańce.

Zamknięte są we święta i posty
Wie o tym każdy dorosły
I każdy ma własny cień
Więc śmieję się w nocy i w dzień.

Teraz mnie pilnują straże
Nic nie robię w celi łażę
Przyjedź zobacz proszę chciej
Będą gonić wtedy wiej.

Nikt mnie z celi nie wyrzuci
Nie wyciągną adwokaty
Sam zamknąłem się i rżę
Stać mnie bo jestem bogaty.

Nieraz to się nawet wkurzam
Widząc w kratach noc upojną
Ale tym się nie przejmuję
Bogatemu wszystko wolno.

Dziadek i spadek

Na zebraniu powstał dziadek
    Mam dziś sprawę jestem Władek
    Znacie mnie przez całe życie
    Co wam powiem usłyszycie
    To jest sprawa to mój spadek
    Gdy chcę oddać trzeba brać
    Więc odpowiedź trzeba dać.

Babka myśli co ten dziadek
Co on plecie jaki spadek
    Stary tu głupot nie gadaj
    Zwolnij krzesło proszę spadaj.

Odezwała się sąsiadka
    Jestem starsza słuchaj matka
    Ja popieram wierzę w dziadka
    Chociaż dziwne żeby coś miał
    On przez całe życie chlał.

Wnuczek się odzywa głośno
    Na dłoni mi kaktusy wyrosną

Dużo tego

Ten nasz dziadek to jest poor
Ma w spodniach dwanaście dziur.

Na to ojciec rzecze siny
  Jestem ojcem tej rodziny
  Dziadek proszę przestań chrzanić
  Nie próbuj wszystkich omanić.

A teściowa druga matka
Bardzo nie lubiła dziadka
  Co ty dziadu dla nas masz
  I splunęła mu prosto w twarz.

Pies usłyszał wbiegł do chaty
Ludzkim głosem rzekł do taty
  Słuchaj ojciec co ty wiesz
  Tylko to co w... i zjesz.

Psina odrzekł   jestem w zmowie
  Pomogłem niech dziadek powie
  Jestem z dziadkiem całą duszą
  I wiem co się stało pod gruszą.

Stary dziadzio nie odpuszcza
Odrzekł krótko   dziś wasz dziadek
  Na wszystkich musi podzielić spadek.

  Jabłoń kryje garnek wielki
  To pieniądze zarobione
  Piłem przecie przez wiek cały
  Ta forsa to za butelki od gorzały
  Wziąłem bardzo dużą kasę
  Przysięgam na babki cnotę
  Wszystkie pieniądze są złote.

Nagle dziadek wypadł z chaty
Wszyscy za nim jedną duszą
Pies odkopał wielki garnek
Właśnie pod wspomnianą gruszą.

Teraz wszyscy w górę dziada
Za ten spadek to wypada
Cztery razy podrzucili
Lecz za piątym upuścili
Potłukł troszkę zadek dziadek
Lecz podzielił cały spadek.

Wierzę w dziadka i babcię
Choć podarte noszą kapcie
I może w życiu ścibulą
To jakiś spadek utulą.

Agresje dwudziestego pierwszego wieku

Pospolita rzecz się stała
I to teraz w ramach cudu
Władza wara od koryta
Rządy przeszły w ręce ludu.

W imię miłości prawa i sprawiedliwości
Trąby wieszczą rewolucję
Co tu jeszcze ukraść można
Chude cielę krowę z rożna.

Mundurowi rżną z bezpieki
Co minuta są przecieki
I zginęły mikrofony
Diabeł przemawia z ambony.

Dużo tego

Rzeki zmieniły kolory
Woda zrobiła się czarna
Wół zamienił się w jastrzębia
Wilka rozszarpała sarna.

Z półek zniknęła wiagra
Ktoś wrzucił g... do wiadra
Ktoś w nocy wycyckał szwagra
Zakonnica jędza chora
Przeleciała obok pastora
Dziś umarła wczoraj wstała.

Ptasia grypa się rozlała
Czy to zatrzymać da się?
Boli głowa szczypie w pasie
Nie udźwigniesz tego w czasie.

Zamęt lament i pożogi
W nocy podpieprzyli drogi
Wzięli się za autostrady
Na dwór wyszły ludojady.

Krowa konia w tyłek bodzie
Zając się ślizga na lodzie
Zamiast deszczu grzyby lecą
Zakonnica robi świecą
Znowu ktoś jej nie dogodził
Karalucha zając spłodził
Znów się rozebrała Kłoda
Na golasa bo to moda.

Krzyk i tumult nie na miarę
Złoty zrównał się z dolarem

Z procą pognał na niedźwiedzia
Uśmiechnął się będzie siedział.

Wszystko tak się pomieszało
Policjant sam tłucze się pałą
Potem zakuł się w kajdany
A chłopisko taki bystry
Tak żwawo rusza zębami
Aż mu z pyska lecą iskry
Prezes wyje premier kuca
A pastor kropidłem w nich rzuca.

Był początek będzie koniec
Niech się babka już nie martwi
I pozostaniemy sobą
Ale już na fotografii.

Sorry

W insurance się na niego wypięli
Na sto procent musi płacić ulgi wzięli
Tylko skąd wziąć teraz na lekarstwa
Tak trzeba bulić to znaczy płacić i basta.

Ciśnienie maleje i wzrasta
Lewa strona jego ciała wysiada
Ten się śmieje głupio nie płacze
Patrzy w górę chcąc coś zauważyć
Czy zasłużył na litość boską
Przyjdzie w piekle się pewnie smażyć.

To ten co się w komunie urodził
Ciężko pracował i dzieci spłodził
Dla czyjegoś nieuctwa kaprysu

Dużo tego

Został zepchnięty do ZUS-u.

W głowie szumi od tak wielkiej herezji
Łączy w szare wspomnienia i amnezji
Może to już ostatnie słowa tego wiersza
Strona ostatnia a szkoda że nie pierwsza.

Udało ci się trzy razy ćwoku
Umierałeś trzy razy w ciągu roku
Bo jesteś niemożliwie uparty
A czy ci się tym razem uda
Ten ostatni raz teraz czwarty.

Westchnął głęboko i głucho zacharczał
Coś zabłysło w umyśle coś usłyszał
Nie widząc co za chwilę się wydarzy
Czarną kredą na ścianie napisał
    Niech żyje walka aptekarzy.

Dopiął swego i zmógł ból do ostatka
Oddech wrócił i serce w nim zadrżało
Życia przed nim rozpostarła się kładka
Bóg pozwolił żeby tchnienie w nim dalej trwało.

Zdarza się

Zwyczajny zimowy poranek
Mgła się gęsto pławi po ziemi
Wygląda jakby dzień się kończył
Jakby zaraz się miało ściemnić.

Deszcz z łoskotem wali w okna szyby
W akwarium wystraszone ryby
Wiatr zgina gałęzie w górę pnące

Coś się stało pewnie umarło słońce.

Czas się zatrzymał mroczny nieugięty
Wiewiórka w konarze drzewa zęby suszy
Deszcz żartuje płacząc strugą wody
Zima jest i śnieg powinien prószyć.

Bezsilność i nuda w każdym względzie
Zamiast pastora kucharz chodzi po kolędzie
Ale mimo tak fatalnej pluchy
Trzeba wierzyć że jutro lepsze będzie.

Porażka

Poróżnione poglądy i ambicje
Walka o fotele i miejsca na urzędzie
O prawa do pracy i wypoczynku
Nikt nie myśli o wiecznym spoczynku.

Zatroskani o zamożniejsze jutro
O pieniądze futra pierścienie na palcach
I miejsca w korowodzie życiowym
W takt uderzeń przy dźwiękach walca.

I minęło to czego nie było
Niespełnione marzenia niedosyty
Rozsypały się dążeń drobne wiórki
Bez nadziei na życiowe powtórki.

Głos z góry się nagle odezwał znienacka
Twoje życie to zwyczajna porażka
Już nie będziesz starostą czy merem
Zapraszamy do nas powitajmy sknerę.

Błędy

Życie nam bariery stawia
Ktoś tam o coś się obawia
Czasem z politycznych względów
Z powodu nieznośnych błędów.

Ustalono i w tym względzie
Błędy policzyć trzeba będzie
Bez litości je wytropić
Spalić rozliczyć utopić.

Są od tego instytucje
Mamy policję i prasę
Postarajmy się szybko wyłuskać
Błędy te wasze i te nasze.

Są efekty ci z urzędu
U nich się nie robi błędów
A dlatego bo się wstydzą
Oni czyjeś błędy widzą
I przy tym się niewinni czują
Skrupulatnie to notują
Ktoś pokręci to prostują.

Policjanci prężni silni
Są zazwyczaj nieomylni
A posłowie i artyści
Tworzą sztukę też są czyści.

Błędy robią zwykli ludzie
Nieudolne młotem kute
Wyśpiewają wszystko składnie
Trzeba tu przycisnąć butem.

Więc się pała o kark łamie
Na kolana ugnij się chamie
Wybijemy ci machloje
Nasza prawda błędy twoje.

Błąd to topić się nie płynąć
Jak najbardziej teraz w modzie
Tylko jak przepłynąć basen
Gdy nie ma wody w przyrodzie
W stu celsjuszach gorącej wodzie.

Wyższa Szkoła Myślenia

Absolwent WSM dobrze wie
Że w piątki się nie spożywa mięsa
Zupa musi być rzadka
A na gorzałkę jak zwykle składka.

Gdy się tak dobrze na myśleniu skupić
Czasem zdarzy się przejęzyczyć wygłupić
Starać się nawrócić na dziwną wiarę
Na koncie mieć wpadek parę.

Absolwent WSM
Zna również bajki
Wierzy w zabobony
Pomocny dym z palącej się fajki
Może to i zabrzmi nieładnie
Natrafi się okazja to i ukradnie.

Dlatego tak oświecony i mądry
Bo ukończył WSM w Buszy
To kuku na muniu coś o duszy

Często się śmieje do siebie i zęby suszy
A kiedy go rozpoznać że kłamie
Bo wtedy bieleją mu uszy.

Limity

Na życie na śmianie łkanie na płacę
Obowiązują limity
Od kreski do kreski na farby i freski
Na obraz nakłada się farby
A z falą narasta dym w wiosce i miastach
Do smogu wielkiego rozrasta.

Trwa walka ze smogiem z tym strasznym nałogiem
To teraz na dziennym porządku
A w płucach nierówno tak czarne jak g...
Od poniedziałku do piątku.

Skażona jest ziemia i woda studzienna
Od Atlantyku do Rzymu
Ubywa nam zatem świeżego powietrza
A coraz jest więcej dymu.

I życie nam skraca ten smok pełzający
Przekracza wciąż normy do szczytu
Choć to najważniejsze powinno być pierwsze
I nie ma w tej kwestii limitu.

Równość

Równość prawo i powaga
Wszystko schodzi do lamusa
Począwszy od zamierzchłych czasów
Mitologii boga Zeusa.

Ciągle się zmieniają prawa
Decydują o tym ludzie
Pieczołowicie powielane
Respektuje psisko w budzie.

Postrzegane jest przez palce
W bezlitosnej głupiej walce
I we wszystkie świata strony
Powielane przez demony.

Każdy musi o tym wiedzieć
Złamiesz prawo pójdziesz siedzieć
A w praktyce nici z tego
Nie dotyczy to bogatego.

Ten bogaty zawsze się wykupi
Będziesz siedział boś jest głupi
Innym słowem niebogaty
Przy tym dojdą tęgie baty.

Znaczy prawo nie istnieje
Zapisane na papierze
Gdy się drugi raz urodzę
Też w te bajki nie uwierzę.

XXI

Dzień się zaczyna nowy wyłania
Śniegu jest pełno w zachodnich stanach
Straszne wichury i gołoledzi
Proszę ostrożnie dalej zajedziesz.

Od Pacyfiku ciągną wichury

Dużo tego

Wiatr niszczy drzewa wywraca mury
Na wschodzie stanów ulewne deszcze
Tworzą powodzie i trwożne kleszcze.

Pani Tereska jest nieugięta
Czasem narzeka chociaż zziębnięta
Raźnie się krząta zerka w okienko
I bardzo tęskno jej za wiosenką.

Piękna Tereska jest bardzo miła
Wzrokiem pogodnym spojrzeniem czułym
Ogarnia książki błyskotki korale
Pluszowe kotki i strojne lale.

Smacznie gotuje podgrzewa płatki
W roli gosposi żony i matki
Kipiące mleko zalewa miodem
Uciśnie męża podlewa kwiatki
Odwiedza babcię pogłaszcze pieski
Takie jest życie pięknej Tereski.

Pomniki

Ten co wymyślił posągi z kamienia
Miał pokracznie coś na mózgu
Być może nie był kochany
Nigdy nie oberwał rózgą.

W imię czego i dlaczego
Ku pamięci czy przestrodze
W jakim celu te wysiłki
Czy to aby jest po drodze?

Co to znaczy więc pomyślmy

Postać kamienna na górze
Co przedstawia bohatera
Który robił jaja duże.

Nowy czas iskry rozpala
I pomniki się rozwala
W zamian inne się buduje
Co nowe idee wykluje.

Ważne to co jest na górze
A nie to wyryte w murze
To co czujesz w swoim sercu
A nie to co w skale wywiercisz.

Telefon do nieba

Dzwoń do nieba zabrakło chleba
Tatuś podobny do małpy
Bez butów do domu wrócił
A wypłatę przegrał w karty.

Różnie to w rodzinach bywa
Ktoś ciągle tatusia odgrywa
Wtedy mama anemiczna
Sytuacja jest tragiczna
Katastrofa tęga ściema
Zimno w domu światła nie ma.

Dzwoń do Bozi niech się wkurzy
Niech się Bozia bardzo wścieknie
Może tatuś się naprawi
I gorzałki się wyrzeknie
Niech wygrywa nie przegrywa
I mama będzie szczęśliwa.

Dużo tego

Dzwoni dzieciak daje znać
Głucha cisza w telefonie
W niebie śpią o dwunastej w południe
A na dworze pachnie cudnie
Cała w pędach kwitnie ziemia
Odpowiedzi z nieba nie ma.

Bobas dzwoni po raz drugi
Znowu nie ma odpowiedzi
Może w niebie coś anioł przeskrobał
Albo w parku sobie siedzi
Po raz trzeci chłopiec prosi
Nikt słuchawki nie podnosi.

Nagle się obudził anioł
Ten się szybko sprawą zajął
Taty już nikt nie ogrywa
Brzydzi się nie lubi piwa
Mama taty nie przezywa.

Bóg Pan to wybiera dobro
Czuwa gdy jesteś pod kołdrą
Tak ci może zmienić życie
Zadzwonicie to uwierzycie.

Uwodzenie

Uwodzi kto jej się nadarzy
Ściemnia jakby nic takiego się nie stało
Z premedytacją ze swoją tylko racją
Jest dziwna o wymizdrzonych ustach
W środku zwyczajnie trwożna pusta
Wstaje raniutko i z rosą

Nigdy się nie rozstaje z kosą.

Piszą o niej i szumią o tym drzewa
Przychodzi znienacka gdy się nie spodziewasz
Dumna wyniosła bezlitosna
Wijąc się na jedwabnych krosnach.

Postać biała potężna śmierci
Ukłucie i tyłek nie wierci
I dusza opuszcza ciało
Jakby nigdy się nic nie stało.

Każdy koniec wpisany w istnienia
Niszczy nawet najśmielsze marzenia
I nasze jednostkowe życie
W to co niezbadane zamienia.

Zatarte prawdy

Prawda się zaciera nadchodzi zakłamanie
Normą się stają wybielane akty
Nikogo teraz nie dziwi ale nieraz bawi
Różne wydarzenia głupoty i fakty.

O tam jakiś polityk czy chodzi o posła
O innej orientacji proszę zgwałcił osła
Inny gdzieś tam urzędnik krowie urwał cycki
I mleko się rozlało zdrożał ser tylżycki.

Nonsensu przykładów przybywa i sporo
Przywódcy narodowi już się za łby biorą
A niektórzy ciekawi tego wyciągając szyje
Jeszcze im do tego głośne brawa biją.

Czyją jest zatem winą że dymu przyrasta
I nie ma czym oddychać nienawiść narasta
I wszystko się poprzewracało jak w kalejdoskopie
Chłop o suchym pysku a wół piwo żłopie.

Zielona wyspa

Zapomniana zielona wyspa
Jest tak bardzo szczęśliwa
Otoczona z każdej strony wodą
Dumna przeniknięta swobodą.

Cudna boska kraina
Nikt nie pali ognisk w lesie
I kwiatków nie zrywa
Drzew nie wycina.

Stworzona na początku czasów
Modem karmiona i mlekiem
Nie pragnie cywilizacji
I drży przed człowiekiem.

Rankiem życie się budzi na potężnej plaży
Widać wspaniałych żółwi kroczące okazy
I śnieżnobiałe mewy skrzydlate sokoły
Pełzające leniwie węże pracowite pszczoły.

Ale co się stanie z wyspą zieloną
Gdy się człowiek zjawia
To wszystko się pozmienia
O zawrót głowy przyprawia.

Wszystko co było tu piękne
Przepadnie z kretesem

Ale to tylko próżne gadanie
I nic się nie dzieje
To jest wyspa zaczarowana
Nie prysły nadzieje.

Skutki picia wódki

To że wóda czyni cuda
Lecz nie zawsze się to uda
Pręży ciało wzmacnia uda
Przez czas jakiś się polepszy
Ale w głowie się popieprzy.

Wódkę piją dla rozgrzewki
Na pijaka lecą dziewki
Choć czasami z buzi płynie
Moneta pasuje dziewczynie.

Pijak nieraz bywa butny
Lecz z reguły jest rozrzutny
Ma jak zwykle przewidzenia
Na pewno nie z przejedzenia.

Zośka dziewka dobra taka
Za męża dostała pijaka
Lecz wypłaty nie przynosi
Ale chce tulić się do Zosi.

W domu piekło dym się wije
Zośka chłopa gryzie w szyję
Na łeb mu wylała wrzątek
Głupio bo we wielki piątek.

Nic nie mówiąc po kryjomu

Chłopa wyrzuciła z domu
I teściową przekreśliła
Progi domu opuściła
W Ameryce modne drinki
I miłe uśmiechy rodzinki.

Jeże

Czy da się lubić na przykład jeże
Można nie wierzyć że jeż jest ssakiem
I nie jest ptakiem może robakiem
Ma swoje wady ma też zalety
Posiada kolce kłuje niestety.

Przytulić jeża pewno się nie da
Spać z takim w łóżku też straszna bieda
Z jeżem na spacer wyjść na ulicę
A ten cichaczem buch pod spódnicę
Co wtedy pocznie panna mężatka
I to jest właśnie trudna zagadka.

Ale się chyba odgadnąć nie da
Sto igieł gdzieś tam to straszna bieda
A jak się wyjmie to wielka ulga
Płacząc wspomina to zajście Ulka.

Zmagania

Codzienna zwykła dnia szarości
Lękliwe spojrzenia i nowe miłości
Wpisane w rzeczywistość naszego istnienia
Dążenia do celu co ciągle się zmienia.

W tym trwaniu bezsilni zmęczeni życiem

Bóg dał nam wolną wolę i wytyczył trasy
Nie każdemu przypasał lampasy
Ordery wyróżnienia i krzyże zasługi
Ktoś posiada majątek a na sumieniu ma długi.

Czy taki powinien być ład na świecie
Czy on jest prawdziwy?

Ziarna jednakowe wrzucone w ziemię czarną
Wydają życia owoce te gorsze i te lepsze
Urodzony pod dobrą gwiazdą
Okazał się wieprzem.

Życie to pełnia wielu zagadek
Brak odpowiedzi już od zarania
Tak bardzo mało wiemy o życiu
Dlatego ciągle te zapytania.

Zima jest piękna

Zima nadęta droga zmarznięta
Mróz dziwne wzory wyrył na wodzie
W modzie szaliki a to dlatego
By nie usztywnić noska na mrozie.

Kłębiaste chmury i wielka plucha
Grzybki się skryły nie ma co szukać
Wiatr głośno wyje i śnieg przegania
Zawiewa szosy i leśne dróżki
Targa topole i małe brzózki.

Wschodzące słońce wstało zdziwione
Mruży oczęta na silnym wietrze
Patrząc na białe w puchu polany

W dziwnym teatrze niespotykanym.

Zima jest piękna dzięki jej za to
Wiosna nadejdzie lato i jesień
Trzeba więc wierzyć marzyć i kochać
To każda pora szczęście przyniesie
I nowy zapał w życiu pobudzi
O porze roku na każdym kroku.

Skradziony czas

Dzwony na trwogę a niech to diabli
Potworna strata to czas ukradli
Dziwne zdarzenie czy jakiś układ
I w jakim celu kto czas nasz ukradł.

Znikły na zawsze wczesne poranki
Nie ma południa i późnej pory
A ci co czas nam raptem sprzątnęli
To nie są ludzie tylko potwory.

Tak z braku czasu i owszem godzin
Znikły terminy wesel urodzin
Bardzo jest głupio i nieprzyjemnie
Zerkasz na zegarek a pora ruszać
Wskazówka w miejscu czy to nie wkurza.

Co więc się dzieje co tu jest grane
W pociągach tłoczno dworce zapchane
A czasu nie ma i wielka szkoda
Jakby pod nogi rzucona kłoda.

Trudno pod słońcem i czas rozróżnić
Jak się do pracy teraz nie spóźnić

A do kościółka iść może w piątek
Gdzie znaleźć koniec a gdzie początek?

Ale cóż martwić się tym zawczasu
Również zalety ma strata czasu
Gdy się nie zajdzie nic to nie szkodzi
Zawsze będziemy piękni i młodzi.

Lotem latem

Lotem latem bardzo drogo
I nie tylko nieprzyjemnie
Na lotnisku terrorysta
Może rzucić cię na ziemię.

Latem duszno brak powietrza
I zamknięte okna w górze
A samolot bez gwarancji
I za wodę płacisz drożej.

Latem łatwiej o wypadek
I bombę trudniej rozbroić
Zatem pomyśl zmień zamiary
I po cóż kłopoty broić.

W zimę lotem mniej ryzyka
To jest sprawa oczywista
Trudniej jest odpalić bombę
Kiedy ręce mrozem kręci.

I mniejsze w górze ryzyko
W zimie nie latają gęsi
Unikniesz zderzenia z ptakiem
Lataj zimą nigdy latem.

On i kamera

To był on reporter jego napadli
Kamerę zbili wygląd twarzy rozmydlili
Powiedzieli mu krótkie won
Skarżył się ten on.

W tych czasach reporterem być to trudna sprawa
Zbierać wiadomości obserwować dziwnych gości
Robić znajomości napotykać na przykrości
Ich maniery opisywać i potknięcia
Nie do przyjęcia.

Nie został bohaterem nosi plaster na twarzy
Pojechał na pasach dostał w zawiasach
Za propagandą ten on już się długo nie podpisze
Tak to gdy pokazuje się prawdą w kamerze
Powiedział ten on w dobrej wierze.

Jak spać

Rzeczywistość przerywana przez sen
Tylko tak naprawdę nie wiadomo po co
W czasie dnia obowiązki
I praca a marzenia nocą.

Marzenia owszem to dobrze
Lecz tak na dobrą sprawę
Sny bywają często okropne
Sprośne głupie i koślawe.

We śnie wygrałeś fortunę
Tak ci się tylko wydaje

Obudziłeś się robisz się dziwny
Aż serce się kraje.

A dlaczego tak we śnie się dzieje
I w mózgu się chrzani różnie i mieniąco
Bo spać powinno się w łóżku na leżąco
A nie tak jak często bywa na stojąco.

Sucha woda

To że woda bywa sucha
Płomień z pieca żarem bucha
Po wypłacie sucho w buzi
Nic dobrego to nie wróży.

Dzień jak co dzień majtki w paski
W telewizji gołe laski
Wijąc się ruszając tyłem
Obejrzałem to i zgrzeszyłem.

Grzech to wina i przyczyna
Trzeba zatem coś zaradzić
Za pokutę wypić setkę
Zabrakło skoczyć na metkę.

Wszystko się odbyło gładko
Jednak zakończyło wpadką
Nie ma się i w czym opłukać
Trzeba będzie stancji szukać.

W kurii przygarnęli mendę
Obiecywał dobry będzie
Jest odwrotnie chodzi słaby
Przez telewizyjne baby

Propaganda to sprawiła
Te wszystkie programy bezecne
Naraziła osobnika na potępienie wieczne.

Dzień bez powietrza

Bez papierosa dzień to zrozumiałe
Dym ryzyko raka zwiększa
Alkohol wyłączyć na dzień
To już jest lekka przesada
Ale by dzień był bez powietrza
Decyzja nie jest najlepsza.

To jest ustawa bezczynna
Krótko powiedzmy mafijna
Uratować można tlen
Nie oddychać tak przez dzień.

Pierwszego marca i zadyma
Któż bez powietrza wytrzyma
Płuca mogą diabli wziąć
Jak nie grzeszyć i nie kląć.

Uchwalono co tu kryć
Zapisano tak ma być
Choć niemały koszt to przecie
Lecz oszczędności w budżecie.

I zaczęła się nagonka
Ludzie padają jak stonka
W górze siekiery i kosy
Powyłamywane ręce
Gorzej pokruszone nosy.

Kto oddycha to w kajdany
Policjanci szpicle najemcy
I fachowcy z MDMu
Złapią kogoś kto oddycha
To i kara jest nielicha.

Ludzie gnieżdżą się w piwnicach
Pustki w sklepach na ulicach
Chowają się gdzie się uda
Żeby nie trafić do pudła.

W radiu słychać dziwne trzaski
Na głowach dziwaczne maski
Nawet i zaczęło śmierdzieć
Nie oddychać ale pierdzieć
To dopiero to jest sztuka.

Co niektórzy się nie dali
Lecz nie wszyscy wytrzymali
I pokotem na ulicy
Leżą niewinni nieżywi grzesznicy.

I nie mieści się to w głowie
Kto za ten skandal odpowie
Kto pokryje wszystkie straty
Pewno biedny nie bogaty.

Pęd do życia

O tym że ludzkość istnieje na ziemi
Świadczą stare rękopisy
Piramidy dziwne mumie
Faraonów kości w trumnie.

Dużo tego

Tyle przeszło lat milionów
Ksiąg spisanych na dowody
Nieprawdą jest że stara jest ziemia
Nasz świat jest zawsze młody.

Światem są nasze istnienia
Takie małe jednostkowe
Jak wiatru ciche westchnienie
Tworzy ciągle dzieła nowe.

Pęd do życia i przekazy
Powielane wiele razy
Smutki często zawiłości
Chwile szczęścia i radości.

Z szefem

To że dni w tygodniu jest siedem
Jest nie do podważenia powód
Że istnieją anioły stróże
A dlaczego gdzie jest dowód?

I sprawy małe i duże
Dlaczego anioły stróże
Przekraczają naszą strefę
Kto jest dla aniołów szefem?

Boża wola ludzka strefa
Pod władzą jednego szefa
Duchowego z pełnią władzy
Co ze wszystkim sobie radzi.

Bóg pomoże nam w zamiarach
Optymizmem natchnie duszę

W największych opresjach wzmocni
Staniemy się silniejsi i mocni.

Jak o życie wygrywać bitwę
Przez ciężką pracę modlitwę
Nabrać siły i pociechę
To często rozmawiać z szefem.

Spraw i obowiązków wiele
Życie nam zasadzki ściele
Żeby dobrze życie przeżyć
Trzeba Bogu je zawierzyć.

Góra i dół

Góra skojarzenie z niebem
Kosmosem nieskończoności przestrzenne
Dół to ziemia i planeta
I sprawy czysto przyziemne.

Z górą z niebem wiążemy nadzieje
Z wielkiej chmury deszcz się leje
Świeci słońce błyszczą gwiazdy
I krążą kosmiczne pojazdy.

A na dole ziemskim globie
Ciągła walka o przetrwanie
Przemijają cywilizację
Rodzenie i umieranie.

Nierozwikłane ziemskie problemy
Tak niewiele o dole wiemy
A jeszcze mniej o górze
Stąd problemy rosną duże.

Pijany koń

Koń się upił śpi na mrozie
Śniegu mu nawiało w uszy
Cóż ma począć pan woźnica
Wozu sam nie może ruszyć.

Więc zadzwonił na komendę
Niech posadzą końską mendę
Któż to widział by konisko
Przepiło z utargu wszystko.

Koń się wcale nie chciał słuchać
W balon nawet nie chce dmuchać
Cóż zrobi policjant z koniem
Obibokiem i nicponiem.

Więc pomyślał wieśniak sobie
Ja cię koniu w konia zrobię
To niezwykły pomysł przecie
Ogieniek pod wozem rozniecę.

Konia nawet i podnieca
Chrapiąc myśli co tam świeca
Zapalona sama zgaśnie
Cóż to niech to piorun trzaśnie.

Ogniem grzywa się zajęła
Struga ognia popłynęła
Konik zbudził się wystraszył
I w śniegu ogieniek ugasił.

Ale ogień szybko rósł

Spłonął więc drewniany wóz
Chłop spłakany szedł do chaty
Wóz był nowy i na raty.

Koń tu wygrał i miał rację
W sądzie brawa i owację
Wóz nie był ubezpieczony
Konik zatem co ma ciągnąć
Odszedł w łąki na wakacje.

Chłopu wnętrza aż przewraca
Raty za wóz biedak dzieli
Koń się wcale nie przejmuje
Zna się na prawie z Trąbeli.

Rozluźniony browar żłopie
I głupio porżywa przy szopie
Stąd nauczka dla nieuka
Nim coś zrobisz pomyśl chłopie.

Wyzwanie

Może to co piszę wzruszy
Do pewnych refleksji zmusi
Kogoś kto posiada duszę
I tego co nie posiada duszy.

A problem ten dotyczy równości
I wiadomo o czym mowa
Równość materialna
Równość duchowa.

Niejedna się mądra osóbka
Podrapie za uszkiem

Dużo tego

Chlebem łatwo się podzielić
Ale jak podzielić się duszkiem?

Trzeba więc to szybko wyjaśnić
Bo czasu niewiele
Zrobić to właśnie pastor może
I tylko w kościele.

Pastor mówiąc do wiernych
Wykonuje pracę
Lecz oczywiście nie za darmo
Ze względu na tacę.

Ale duchem świętym to nas obdziela
Pan Bóg za darmochę
Rzuca więc światło prawdy
Na miasta i wiochę.

Nastał 2501 rok

Koniec tego tyrania
Kupiłem robota
Sam przestałem pracować
Praca to głupota.

Dlaczego to ja mam pracować
W tygodnia sto czterdzieści godziny
Z dala od domu rodzinnego
Żony dzieci i rodziny?

I stało się przez przypadek
W piątek robot popił
Skrócił drogę do domu
W rzece się utopił.

A to co jest najgorsze
Utopił się z czekiem
Prosiłem błagałem
   Bądź robot człowiekiem!

Tu nie chodzi o chciwość
Chodzi o moją kasę
Cóż znalazłem mojego robota
Za miesiąc pod lasem.

Bardzo był zardzewiały
Lecz w końcu wypłynął
Ale portfelik był pusty
Ktoś mu czeka zwinął.

Cóż miałem biedny robić
Skąd wziąć na naprawę robota
I zrozumiałem w końcu
Ja biedny niecnota.

I niestety nic mi nie pomoże
Wracam do roboty
Pracuję nawet po godzin szesnaście
I w wolne soboty.

Niech więc może potomni
Szczerą prawdę kupią
Że bez pracy nie ma kołaczy
A i umrzeć głupio.

Obrażanie

Kto się często obraża

Dużo tego

Szybko się starzeje
Obrażanie to kłopot
Niknące nadzieje.

To że obrażanie się nie opłaci
To mamy dowody
Po co czynić to zatem i rzucać
Pod własne nogi kłody?

A obrażanie i głupie miny
Dziwi się matka żona czy ojciec rodziny
Kto zatem jest tu winny
A kto jest bez winy?

Nawet taki policjant
A to się tak często zdarza
Obraził się na złodzieja co siedzi niewinny
Sędzia oko na to przymknął
Kto zatem jest winny?

Pastor się obraził i zamknął kościół
Bo weszły zapusty
Pastora przenieśli gdzie indziej
Kościół stoi pusty.

I co teraz się stanie
Gdy przyjdzie potrzeba?
Tak oto bez święcenia
Do piekła nie do nieba.

To się całkiem wszystko popsuło
I nie trzyma kupy
Żona na męża wściekła
Zdradzona niechcący

Wlała do zupy płynu
Na zwyczajną sraczkę
A skutki obrażalności
Nabył mąż padaczkę.

Proszę więc zatem uprzejmie
By na słowa zważać
I z jakiejś prostej błahostki
Nigdy nie obrażać.

Żeby tak na siebie głupio
Przez miesiąc na siebie nie patrzeć
Bo się dobroć i miłość
Może przy tym zatrzeć.

Propaganda i demokracja

Mamy różne poglądy i rację
Wszyscy jesteśmy skazani
Czy chcemy czy nie chcemy
Na siebie i na demokrację.

Demokracja źle rozumiana
Wkrótce wciągnie na manowce
To coś takiego jakby jeden baran
Zadowalał wszystkie na raz owce.

Demokracja wykonywana błędnie
Przynosi złe skutki
Dotyczy to wszystkich dziedzin życia
Nawet zwykłej wódki
Demokracja ma kaca tak jak ryba pływa
Gdy cię pali we wnętrznościach
To napij się piwa

Dużo tego

Stałeś się spokojniejszy
I poczułeś lepiej
Normalnie demokratycznie
Tak już nie telepie.

Spróbuj gdy tak przyciśnie
Nie iść za potrzebą
Czynność tę wykonujesz
Bez łaski czy gniewu
Nie można razem zrobić odstępów
Od zwyczajnej racji
Oto przykłady poniżej nierespektowanie
Przez ludzkość zwykłych demokracji.

Usłyszysz słowa senatora
Powie ci to posłanka Wanda
Jak ważna jest dla demokracji
Zwykła propaganda
Wykorzystać pampersa a nie zrobić kupy czy siku
Propaganda polega na robieniu krzyku.

A najbardziej to propaganda
Rządom się opłaca
Głoszą i piszą frazesy
Twierdzą że to praca
Ręka rękę pociąga ślina ślinę myje
Urzędnicy wyciągają i skręcają szyję.

Siedzi taki kulfonek i zwykła kulfonka
Rozrastają się błyskawicznie
Jak na polu stonka
Ciągłe narady zebrania jęzorami mielą
I to co zdążą ukraść między siebie dzielą.

Resztę co z brody opadnie
Przydzielą gawiedzi
Kto ma jakieś poważne grzechy
Biegnie do spowiedzi
Pasterz posłucha troszeczkę
I tak od niechcenia
Udzieli demokracie zwykle rozgrzeszenia
A z góry anioł zerka
I serce mu mdleje
Chciałby pomóc biednemu
Widzi co się dzieje
Cóż z niebiańskiego konta Boga
Kasy nie przeleje.

Nierówności w demokracji

Nic dobrego w naszych czasach
Z tego nie wyniknie
Propaganda zła się rozrasta
I nierówność kwitnie
Dość mamy złej demokracji propagandy gnoju
Skrzyknijmy się zapalmy ogień ruszamy do boju.

Biedni mali i duzi panie panowie pannice
Niech nasze głosy rozlegną się na okolicę
A więc skrzyknijmy się wszyscy
Niech duch się w nas obudzi
Niech zła demokracja i propaganda
Nie kantuje ludzi.

Dość już pustych zapewnień gwarancji
Obiecanek i zwykłego brudu
Wszyscy razem gdy się spotkamy
Dokonamy cudu.

Dużo tego

Przeczesać należy niektórym piórka
Za złą propagandę
Posadzić za kratki posła i krykliwą Magdę
Dążyć by zniknął fałsz
I zakłamanie różne bezeceństwa
Wpajać uczciwość i prawdę dziecku od maleństwa.

Ostrzegamy cię królowo
I królu dziś ty dobrze przędziesz
Ale może jutro z rana panował nie będziesz
Demokracja się zmieni propaganda zmąci
I koronę z główeczki jego mości strąci.

Moja zielona nowa trawka

Dzisiaj raniutko w ogródku
Popijając kawkę
Podziwiałem rosnącą dziarsko
Zieloniutką trawkę.

Trawka nowo wschodząca
Jest taka milutka
Mała i nieporadna
Ma coś z krasnoludka.

Wyrosła z twardej ziemi
Czarnej maleńka roślina
Pnąc się do góry wartko
Nie kwasi się nie zżyma.

Nad wschodzącą łąką
Drobnej trawki czerwone ogniki
Figlują ot nie wiadomo skąd

Przybyłe pasikoniki.

Czasem to ptaszek dziwny przeleci
Czy wiewiórka wrzaśnie
To się teraz dzieje nad moją
Piękną zieloną trawką właśnie.

Bywa że listek z drzewa opadnie
Roślinkę przykryje
Bo listkowi wszystko wolno
To pole niczyje.

Oj mądry kształtny lisku
To jest pole moje
Ja zasiałem tą trawkę
Dlatego się boję.

Gdzieś tam w głębi ogródka
Kłócą się dwie kawki
Błagam was moje drogie
Nie depczcie tej trawki.

Ziemię pod trawkę skopałem
Rosząc ciała potem
Biegałem po całym ogrodzie
W jedną stronę i z powrotem
Pracowałem wytrwale calutką sobotę.

Z nadzieją że nowo posiana trawka
Zazieleni ogródkową działkę
Może w tygodniu tu usiądę
I napiszę bajkę.

Życzę tobie i sobie

Dużo tego

Zielona traweczko
Może patrząc jak rośniesz
Odzyskam zdróweczko.

Może troszeczkę nawet podrosnę
Stanę się weselszy
Żwawo rośnij traweczko
I rozrastaj gęściej.

Dorównać innym trawkom
Musisz się nie dawać
Rosnąć by każdy kto cię ujrzy
Mógł oczy napawać.

Obiecuję że gdy na dworze
Zmierzchnie i gdy słońce zajdzie
Ten który cię posiał na działce
Gęsto zrosi wodą
Z życzeniami byś była ciągle
Zieleniutką młodą.

Wróbelek i wiewiórka

Uważaj bo spadniesz wiewiórko
Zaszczebiotał ptaszek
Widząc jak się mała czarna
Wiewióreczka wdrapuje się na daszek.

Najpierw był daszek stromy
Następnie jodełka
Jak to może taka wiewiórka
Biegać bez skrzydełka.

Wiewiórka na szczebiot wróbla

Odwróciła główkę
  Pomyślałeś ty czarny brzydalu
  Puknij się w makówkę.

I tak jestem zwinniejsza od ciebie
I dobrze się czuję
Nie tylko hasam po drzewach
Ja również pracuję.

Tutaj pogłaskam kwiatuszka
Tam rozkopię trawę
A kto za mnie pozbiera
Orzechy złotawe?

Muszę posprzątać coś w dziupli
Czasami coś spsocić
Cały dzień się uwijam
Tak do późnej nocy.

A zresztą co tu tłumaczyć
Czas cenny marnować
Możemy się drogi ptaku
Po prostu spróbować.

Proszę zobacz to jest orzech
To się jego nie liże
Kto proszę ten orzeszek
Po prostu rozgryzie.

Wróbel zacietrzewiony uparty
O kurczę pomyślał no wiecie
Co mi tam jakiś orzech twardy
Tak praktycznie to orzechów
Po prostu nie lubię

Dużo tego

Ale jeśli chodzi o zakład
Szybciej go rozdziobię.

Spotkały się więc wróbel i wiewiórka
W lesie o porannym brzasku
Ale co tam się dopiero działo
Było tyle wrzasku.

Wiewiórka rozgryzła orzeszek
Tylko w trzy sekundy
Wróbel połamał dziób piękny
Tylko w dziesięć rundy.

Miś co był świadkiem zakładu
On nigdy nie kłamie
Wróbelek trafił na emergency
I płaczę przy mamie.

Nie bądź tak pewny siebie
W życiu różnie bywa
Czasami bywa odwrotnie
Ktoś inny wygrywa.

Uczony i słońce

Trudno w takie coś uwierzyć
To naprawdę trzeba przeżyć
Jak płomienie jasne tlące
Uczony chciał zbadać słońce.

Pan uczony od zachodu
Prowadził badania naglące
Zawsze wstawał bardzo wcześnie
Patrząc na wschodzące słońce.

Stanisław Pysek Prusiński

W wielkim trudzie i mozole
Wyciągał potężne busole
Otwierał wielkie zbiorniki
Ściągnięte aż z Ameryki.

Uczony sili się sapie
Myślał w końcu słońce złapie
I ujarzmi tak do końca
Wschodzące promienie słońca.

Złapię słońce wszystko zmieni
Może w końcu się ożeni
Aż go kasa w portfel łechce
Będzie robił to co zechce.

Wiem co zrobię myśli badacz
Żeby w końcu wszystko zbadać
Trzeba zbliżyć się do słońca
Mimo żaru i gorąca.

Więc zbudował statek wielki
Wewnątrz tytanowe belki
Wszystko twarde i toporne
Na temperaturę odporne.

Pora naszła trzeba ruszać
Czasu nie ma się wysiusiać
Wszystko dopięte do końca
Leć rakieto w stronę słońca.

Trochę to pomysł szalony
Przegiął pałę nasz uczony
Gdy rakieta się przybliża

Dużo tego

Temperatura się podwyża.

Poci się w helmecie główka
Aż zagrzała się lodówka
I upiekły się kurczaki
Nagle sam się dziwnie poczuł
Sto procent celsjusza ma w moczu.

W tyłek go zaczęło prażyć
Krew w żyłach zaczęła się ważyć
A w łazience wanna potu
Więc zarządził czas odwrotu.

Nie dokończył więc wędrówki
Włosy mu wywiało z główki
Tak powrotu przyszła tura
Co może temperatura.

Wrócił bardzo poparzony
Potłuczony popękany
Chodzi jakiś pomylony
Odbijając się od ściany.

Gorsze to zabrakło wzwodu
A to przykro jest za młodu
Więc statusu też nie zmieni
I nigdy się nie ożeni.

Teraz myśli w swoim biurze
Zamiast słońca bada burze
Ale chociaż głośna trzaska
Nigdy mu nie dygnie laska.

Zaraz się spotkamy z końcem

Wie teraz co to jest słońce
Uczonego przypaliło
W takim miejscu co każdemu nie miło.

Trzeba nauczyć się wygrywać
Lecz na słońce się nie porywać
Choć badania tak naglące
Nigdy z motyką na słońce.

Świr

Takie proste słowo świr
To nie piasek albo żwir
To jest przypadkowy głupek
Może ktoś nawet w starszym wieku
W barze w knajpie pije mleko.

Przyświrować znaczy zboczyć
Niekoniecznie z dachu skoczyć
Można tak po prostu zgłupieć
I w lodówce kurę upiec.

Świr to ktoś co ma coś z główką
Ten na przejściu pędzi stówką
I zakręty ścina gładko
Czasem most pomyli z kładką.

Świrek nieraz szuka zwady
I nie zbacza nigdy z drogi
Choćby było niemożliwe
Choćby stracił obie nogi.

Tak jak w rzece wodne wiry
To wszędzie trafiają się świry

Dużo tego

W wojsku domu w biurze lasku
Halo świrek hej bobasku.

Świrem się okazał doktor
Może być to wodny potwór
Nawet emerytowana księżna
Świruje choć niedołężna.

Cechę tę może nabyć uczony
Ktoś kto odchodzi od żony
I płeć męska i płeć żeńska
I zboczeniec nawet szwaczka
Dozorca poborca sprzątaczka.

Nawet jastrząb ześwirował
I zaczaił się na misia
Skutek tu był opłakany
Ptaszyny nie widać do dzisiaj.

W szkole ześwirował malec
Gryząc przedszkolankę w palec
Pastor niewiele wie o seksie
A puścił bąka w powietrze.

A pogoda też świruje
W lipcu śnieg na plażę pada
Panna odmroziła cycki
Wiatr uniósł starego dziada.

Świrują drzewa kwiaty i płoty
Robią się na wietrze trąby
Wcale nie jest to do śmiechu
Gdy na głowę lecą bomby.

Iść na wojnę to jest łatwo
Ale trudniej stamtąd wrócić
Gdy łopata cię poliże
Z kim i o co się pokłócić.

O odzieży

Panie panowie emeryci i droga młodzieży
Dzisiaj będzie ważny wykład o niezbędnej
W naszym codziennym życiu odzieży
Wyjaśnienie się wszystkim należy.

Posiedzenie było jawne
Wszystko sprawnie oczywiście
Odzież słowo bardzo dawne
Jak spadające z drzewa na jesieni liście.

Wełniane płócienne jedwabne
To co zakrywa nasze ciało
A to po to i dlatego
Żeby czegoś nie wywiało.

Pierwszy głos w tej sprawie zabrał Kajtek
　Jak będzie wyglądać dziewka bez majtek?
　Albo Antek bez spodenek?
Wtedy się odezwał Benek

Tu ważniejsze biustonosze
Choć to produkt bardzo rzadki
Dla mężczyzny nie pasuje
Noszą więc to dziewczyny
Rozwódki teściowe i matki.

Bo babkom to teraz zwisa i głupio

Dużo tego

To tego przedmiotu nie kupią
Ale na gołe cycki przez przypadek
Chłop popatrzył i ciach wypadek.

Dziś niemodne cycki obwisłe
Biustonosze więc obcisłe
To dodaje im uroku
Widać z przodu z góry z boku.

Wtem odezwał się pan Siedlecki
Proszę państwa takie kiecki
Powinny być bardziej luźne
Bo zakrywają miejsca odludne
Najlepiej jedwabne i czyste
Dla pewności przezroczyste.

Wydarzenie niebywałe
Chłopcy przegięli pałę
I koniec nastąpił z przypadku
Nie uszło to panom gładko.

Rozważania zakończone
Dwie świetlice rozwalone
Poszły w pracę buty paski
Krzesła i nawet obrazki
Tak się rozszalały laski
Nasze kobiety niestety.

Straż pożarna i policja
Jakby tego było mało
Chłopów tak poturbowano
I każdemu się dostało.

Sierżant kwili rzewnym głosem

Strażak kręci sinym nosem
Nawet pastor co wszystkich godził
To miesiąc o kulach chodził.

Proszę co potrafi matka
Teściowa panna i mężatka
A po prawdzie o odzieży
Trzeba wyrażać się jak należy.

Zamienić

Cieniutka sylwetka jak łania
Że ledwie spódniczka zasłania
Wymachuje wstążeczką czerwoną
Twarz ma taką rozpaloną

Ulica jak wszędzie o zmroku
Ucichły już gwary i szmery
Cóż robi o dziewczę urocze
Trzymając się żelaznej bariery
Zmuszona czy może z przypadku
Na ulicznym tonącym statku.

Więc sprawdźmy i zróbmy zamianę.
Niech pan na ulicy tej stanie
Poczeka spokojnie przykładnie
Aż dziewczę do niego przygarnie.

Sens

Działać z sensem to się uda
Różne się zdarzają cuda
Ktoś uśmiechnął się do ciebie
Pieniądze wpłacono na konto

Dużo tego

Wyjechałeś do Toronto.

Sens to słowo i w praktyce
W Europie w Ameryce
Bardzo dużo jest nonsensu
Rzecz jest w tym zabrakło sensu.

Nieraz sens się nie powiedzie
Patrzysz ona autem jedzie
I rozmawia przez komórkę
Z tyłu wiezie syna córkę
Trach i stłuczka punkty lecą
Kasy szukaj to ze świecą.

A w remoncie stoi fura
Po co miła ci komóra
I do tego boli zadek
Zdarzenie czy zwykły przypadek?

Wojtek raz oglądał zdjęcia
Biedaczek nie miał pojęcia
Bo oglądał gołe baby
Teraz jakoś dziwnie słaby
Stoi w sądzie na dywanie
Gdzie jest sens próżne gadanie.

Kto ma serce bardzo słabe
Niech bogatą bierze b...
Jak się trafi biedna taka
To bez sensu da drapaka
Przedtem ogołoci z kasy
Takie teraz mamy czasy.

Sens to bitwa i modlitwa

Kolor może nawet lekki horror
To jest zwiastun niebywały
Bywa duży czasem mały.

Sens to fakt co mnie upiększy
Panna ładna sens jest większy
I dziewczyna jak popatrzy
To ci oczu nie da zmrużyć
Może nawet i odurzyć
A jak dobrze to się żeń
Ale w nocy nigdy w dzień.

Dość tego

Wbiegł na scenę nagle znikł
Wtedy się pojawił wilk
Potem krowa i lamparty
Patrzę tygrys nienażarty.

Na widowni siedział gość
Powstał wrzasnął   koniec dość
   Dość oszustwa dranie chciwe
   Te zwierzęta nie są żywe.

Znów powtórzył   koniec dość
   Pewnie bombę miał ten gość
Aż reżyser się wystraszył
Zwiał ze sceny gdzieś się zaszył.

Na widowni cisza wielka
Wszyscy patrzą co za gość
Jeden taki i w teatrze
Który ma naprawdę dość.

Dużo tego

Któż odgadnie co się stało
Widzów z teatru wywiało
Został gość lwy i lamparty
I ten tygrys nienażarty
Oko w oko ja i gość.

Nie czekałem też nawiałem
Bo wszystkiego miałem dość
I wszystkiego nie pamiętam
Czy to ludzie czy zwierzęta
Jak długo trwała obława
Ale to nie moja sprawa.

A w gazecie przekręcone
Właśnie tam straciłem żonę
Smutek sprawił mi ten gość
Bo on nawiał z moją żoną
A najgorsze to się stało
Bo zostawił narzeczoną.

Która przebrana w teatrze za misia
Kręci się w mojej kuchni do dzisiaj
Tak jak ja jest inwalidką
I to wszystko.

Tak to ta czerwona Kryśka
Która udawała miśka
Jeździ na moim wózku
I robi pierogi po rusku.

A ja teraz siedzę cicho
Ot to taki chudy gość
Niech ten teatr porwie licho
Tylko w myślach krzyczę dość.

Kryśka ma ze trzysta funtów
Ona każe mnie nie słucha
Tylko patrzeć jak mnie zgniecie
I wyzionę swego ducha.

Dochód z korridy

Proszę spojrzeć taki dochód
Kupisz pan z renty samochód
Życie wiąże się z ryzykiem
Chyba pójdę walczyć z bykiem.

Długo się nie zastanawiałem
Do Hiszpanii poleciałem
Zerknąłem o jest korrida
Parę groszy mi się przyda.

Jestem duży ze dwa metry
W dzielnicy nikt mi nie fika
Myślę sobie wygram walkę
I załatwię tego byka.

Cóż że wściekły dziki chów
Trzeba to rozwalę dwóch
Dali lance buty dzidę
Pomyślałem wiem gdzie ja idę.

Bo ja jestem z Ameryki
Silny mocny sprytny zgrabny
Trochę twarz mam wykrzywioną
I nie jestem taki ładny.

Wtedy mnie obleciał strach

Dużo tego

Pomyślałem sobie Stach
Możesz tu naprawdę zginąć
I pożegnać się z rodziną.

Do ucieczki aż mnie łechce
A może byk walczyć nie zechce
Ale mnie mamona kusi
Chcesz zarobić walczyć musisz.

Pomyślałem taki młody
Silniejszy niż dziadka tata
Mam dopiero i niewiele
Tylko sześćdziesiąt dwa lata
Sprężę się zagram o wszystko
A to będzie widowisko.

Wielkie brawa na arenie
Wypuszczono cztery byki
Dwa hiszpańskie jeden włoski
Najgroźniejszy z Ameryki.

Myślę długo nie zabawię
Mogę zginąć tu na trawie
Nie rozumiem co się stało
Nagle wiatrem tam zawiało.

Powstał dziwny dymny pasek
Nad areną wyrósł lasek
Co to wtedy mogło być
Byki się zaczęły wić.

Gdy patrzyły na mnie brachu
Nogi trzęsło im ze strachu
W tym momencie zrozumiałem

Stanisław Pysek Prusiński

Gdy w boczne lustro spojrzałem.

Może nawet brzydki byłem
Aż się siebie wystraszyłem
Twarz była podobna do diabła
Stąd ta decyzja nagła.

Za pomocą długiej tyki
Zaatakowałem byki
Wnet do góry wyskoczyłem
I wszystkie za rogi chwyciłem
I na ziemię powaliłem.

Powiązałem w mig zwierzęta
To co dalej też pamiętam
Mam nagrodę i mi zwisa
Wtedy oni wypuścili na mnie tygrysa.

Tego już było za wiele
Rozgrzany do czerwoności
Rzuciłem tygrysem we widownię
Aż zatrzeszczały w nim kości.

Zgarnąłem złota trzy sztaby
Widziałem jakieś żegnały się baby
Zdeptałem po drodze dwie żaby
I uszkodziłem bociana
Dalej to tak proszę pana
I tak z Madrytu samolotem
Wróciłem do Stanów z powrotem.

Popatrzcie proszę to jest dowód
Nowa willa i samochód
Niezła to robota Staśka

A byki to tylko fraszka.

Zamożny pies

Od czego zależy że pies jest zamożny
Że szczekać nie musi nie wstaje nad ranem
Lecz merda ogonem gdy wita się z panem
I łapką otwiera butelkę z szampanem.

Wiadomo dlaczego
I każdy to zgadnie
Psina śpi spokojnie w nocy
Gdy pan jego kradnie.

Pan wychodzi późno wieczorem
A wraca nad ranem
Zawsze z ogromnym plecakiem
Po brzegi wypchanym.

Wiadomo że pies wszystko rozumie
A więc z tego to względu
Nigdzie się na pana nie poskarży
Chociażby do urzędu.

Nie szczeknie na policji
Że pan jego kradnie
Bo to pan na niego pracuje
Byłoby nieładnie.

Któż zatem grzeszy więcej
Pan czy jego psina?
Wydaje się że w tej sprawie
Rozwiązania nie ma.

Stanisław Pysek Prusiński

A powiadają że pies
Jest mało rozumny i głupszy od pana
Jak można to udowodnić
Sprawa niezbadana.

Żeby to sprawdzić naprawdę
Potrzeba dowodu
Wiadomo jak pana przymkną w pudle
Psisko zdechnie z głodu.

Dusza boli

Dusza boli ot tak sobie
Co ja w tym temacie zrobię
W boku coś zaczęło boleć
Coś mi wbiło w ciało kolec.

Boli bo coś nabroiłeś
Ale jak się teraz wstydzić
Kiedy honor nie pozwala
A pycha i duma rozpala.

Doświadczyć bólu może każdy
Uczciwy skąpiec czy zwykła zmora
Spróbuj zatem wejść do ogrodu
Żeby kraść jabłka pastora.

Może się zdarzyć nawet
Że oberwiesz kijem
Mogą ci również na głowę
Wylać zwykłe pomyje.

O tym że się kraść nie opłaci
To doświadczył Adam

Dużo tego

A więc ukradnij zwyczajne jabłko
Ale nigdy złote
Bo możesz stracić opinię
A nawet robotę.

Nierozsądny

Skradziono panu konia
Traktor widły szopę
To jest bardzo paskudne
Uczynić tak z prostym chłopem.

Okradziony wystawił teraz
Żonę na przynętę
Wkrótce ukradli mu żonę
A wraz z żoną rentę.

Poszkodowany zrobił się jakiś weselszy
Życzliwszy i inny
Tańczy głośno ucztuje a dlaczego myślę
Bardzo ciężko pracował na taką polisę.

Cóż robić

Co robić? Zastrzelić dziada?
Może spuścić tęgie lanie
Myśli głośno bandyta
O leżącym na dywanie.

Skrępowany pobity przez złodzieja
Biedaczek się odzywa
    Chciałbym się jeszcze nim zginę
    Napić trochę piwa.

Napastnik bardzo wkurzony
Zajrzał do lodówki
Wyjął piwo otworzył i przyłożył
Jeńcowi do główki.

Mówiąc tak
   Nie będziesz się mój chłopcze trudził
   Ja za zdrowie twoje piję
W piwie była trucizna
Bandyta nie żyje.

Należałoby przemyśleć sytuację
Cóż więc robić
Jak się bronić jak napadną
Skakać płakać prosić?

Najlepiej jest siedzieć cicho
Nigdy się nie unosić
Tylko przypomnieć sobie
Pewne przykazanie
Wtedy tamten zrozumie
I nic się nie stanie.

Trudno tylko gdy on
O tym przykazaniu nie pamięta
Ominą ciebie zdarzenia
Może roczne święta
I gdy już ciebie zabije
Nie dasz sobie w szyję.

Zatrzaśnięte drzwi

Zatrzasnęła drzwi do chlewa
I w pole uciekła

Dużo tego

Pospolita świnia uczona
Niegrzeczna i wściekła.

A dlaczego nawiała pytasz
A teraz się wyparła
Bo obżarła świniaki
Sama ryj utarła.

Poryła całe pole
Ciągle jej było mało
W końcu myśli powrócić
W chlewie coś zostało.

Wróciła do stajni z powrotem
Na bałagan taki
W korycie nic nie dostrzegła
Więc zżarła prosiaki.

Nie pomyślała opasła świnia
Siedząc przy chałupie
Że gospodarz jej wieczorem
Utnie łeb przy d...

Ziemia jest teatrem

Nasza ziemia jest sceną w teatrze
A na niej aktorzy
Na ogół to wszyscy zdrowi
Zdarzają się jednak chorzy.

Tak więc w zależności od pory roku
Ziemia barwy zmienia
Może zdarzyć się że nieraz
W górze zobaczysz lejenia.

Stanisław Pysek Prusiński

Lejenia o dużych skrzydłach
Gdzieś daleko w chmurze
Co niesie w paszczy wielkie jajo
Strusie albo kurze.

Ot taki bezbarwny lejeń
A w obłokach buja
Może i nie taki mądry
Ale niezła szuja.

Nagle lejeń zamienia się w kota
A następnie w małpę
A że zrobiło się ciemno
Więc zapalił lampę.

Huk wstrząsnął gorącym powietrzem
Rozwarła się scena
Pojawił się drapieżny tygrys świetlny
Błysk lejenia nie ma.

Cóż rozpasany lejeń
Nie zjawił się więcej
Lecz jajo wisi w powietrzu
Zwyczajnie się kręci i buja
Trzeba żyć z dobrą ciocią
W kaczkę robić wuja.

Wiadomo że na całym świecie
Na naukę się nacisk kładzie
Nauczysz się politycznie
Bujasz na paradzie.

A w takiej to Ameryce

Królują indyki
Odchody spływają do szamba
A wraz z nimi siki.

Każdy jest elegancki
Nie używa mydła
A na preriach i w górach
Królują straszydła.

Wszystko zaś prawie za darmo
Za jednego centa
Przepracujesz czy odpoczywasz
Należy się renta.

Siedzi taki ot rencista
Na piwie przy barku
Na szyi ma złote łańcuchy
Tatuaż na karku.

A najemnicy walczą na wschodzie
Mają głupie zwidy
Nagle znikają ze sceny
Bo ktoś z Al Kaidy
Poczęstował ich żelaznym jajem
Kto to taki my nie znajem?

Rozdanie w demokracji

Świadomość polityczna
Nigdy nie idzie w parze
Aktorzy ciągle debatują
Pilnują ich straże.

Gdy się jakiś sprawiedliwy

Z reżyserem nie zgodzi
Trzask trochę dymu
I ze sceny schodzi.

Nagle na wielkiej ziemskiej scenie
Pojawiło się słońce
I nastała wielka skwarność
Języki płonące.

I ucichła orkiestra
Niczego nie grają
Zrobiło się bardzo cicho
Odzywa się jajo.

Głosem cienkim jak struna
Z przejęcia zawyło
Nie dokończyło bełkotu
W środku się zwarzyło.

Kurtyna w teatrze opadła
Na widowni pusto
Wszystko pomieszane zwęglone
Niczym groch z kapustą.

Nie ma już reżysera
Widzów ani sceny
Gdzie oni się zatem podziali
Nic o nich nie wiemy.

Nagle na scenę wbiega
Dziwnych istot zgraja
Wydają jakieś kosmiczne dźwięki
Skończyły się jaja.

Uwagi godne

Polityczna hipokryzja
Oszalała telewizja
Pomylili coś w regionie
Prawda na odwrotnej stronie.

Bieda piszczy w kącie skwierczy
Ktoś próbuje to wybielić
Wolno teraz kraść i kłamać
Możesz prawnie się zastrzelić.

Karaluchy grube łażą
Próby gwałtu i szantażu
Instytucje chciwe banki
Podrabiają funty franki.

Wnet nastąpi koniec świata
Przewodzący goły lata
Za kradzione wódę żłopie
Uważaj podepcze cię chłopie.

Brak szacunku i ugody
Rozpasali się rządzący
Czasem ktoś otworzy buzię
Jutro na nim kwitną róże.

Polewanie wody wzrasta
Biedota na wsi i w miastach
Co niektórzy się bogacą
Łupią złoto tylko za co?

Próżno błagać płakać wątpić
Ten koniec to musi nastąpić

Nierządnica wkrótce zniknie
Świat chwałą Boga przeniknie.

Bóg nadejdzie i zasieje
W serca wiernych miłość wleje
I pokryje ziemię kwiatem
Zgody wolności szkarłatem.

Trzy marchewki

Na stole leżą trzy marchewki nieżywe
Wyglądają jak prawdziwe
Plastikowe podrobione
Nie ugryziesz nie poliżesz.

Wydaje się że człowiek może
Powstrzymać wodę ugasić ogień
Posadzić milion wspaniałych drzewek
Ale nie umie wskrzesić marchewek.

Proste zadanie a niemożliwe
A to dlatego widzisz głuptasie
Wydaje ci się że wszystko możesz
A to nieprawda nie wszystko da się.

Forma istnienia jest tak złożona
A nasza szansa ograniczona
A możliwości są takie małe
I możesz stracić gdy przegniesz pałę.

Rozumny znaczy jaki

Siła rozum i wolna wola
Od narodzenia nauki w szkole

Dużo tego

Wpajane za młodu pewne zasady
Jak to wypełnić co to są wady?
Rady są proste tak bądź człowiekiem
Żyj zatem zgodnie z własnym sumieniem
Nie bierz przykładów ze złych wartości
Zgodnie z prawdami boskiej miłości.

Chociaż jest trudno bo droga kręta
Na każdym rogu czyha przynęta
I moc szatańska pogmatwa plany
Pchając na tory i cel nieznany.

Nigdy się człowiek z Bogiem nie zrówna
Boskich zamiarów wyryte słowa
Wzmacniają w duszy ciągle dążenia
I rozbudzają plany od nowa.

Gorzka prawda

Prawdy nie kupisz i nie zdobędziesz
To co jest Stwórcy to nie posiądziesz
Choćbyś zarobił i złota trzosy
Prawdę stworzyły same niebiosy.

Ziemia kolorem w basy i wstęgi
Dumne mocarstwa wielkie potęgi
Z czasem przeminą znikną przepadną
Nowe nadejdą nic nie zawładną.

Ziemia niczyja i żywicielka
Jest z jednej strony tak bardzo wielka
Z drugiej zaś strony bardzo maleńka
Krąży w przestrzeń jak wstążka cienka.

Istota ziemska oblana potem
Biega bezładnie tam i z powrotem
Lecz taka prawda ale niestety
Dobiega tylko do własnej mety.

Zgodnie z projektem pisanym końcem
Z czasem i wiatrem i lśniącym słońcem
Nie wiedząc nawet co będzie jutro
Pielęgnujemy dumni swe ciało
Co osiągnąłeś lecz ciągle mało.

Taca

Brawa toasty owacje
Życzenia i gratulacje
I to właśnie proszę państwa
Z racji przejścia do kapłaństwa.

Każdy w życiu chce być panem
Urzędnikiem poborcą kapłanem
Być kimś rozkazywać rządzić
Być bogatym i nie błądzić.

Ale życie problem stwarza
A to się tak często zdarza
Że pomylił ktoś profesję
I ma do kogoś pretensję.

Można więc na zimne dmuchać
Jeszcze trudniej kogoś słuchać
Wykonywać trudne prace
Dźwigać nawet ciężką tacę.

Dużo tego

Więc jak z tego się wymigać
By za kogo tacę dźwigać
I zbierać dla kogoś grosiaki
Przymus nie to zwyczaj taki.

Pamiętać trzeba o jednym
Więc pomagać ludziom biednym
Chorym i potrzebującym
Obdartym i z głodem walczącym.

Ten co siedzi na parafii
I o wiernych się nie martwi
A napycha się kawiorem
Ma ciało i umysł chore.

Nic tutaj już nie jest gorszego
Tacę dźwigać za takiego
Że aż nieraz bolą ręce
I jeszcze są jakieś pretensje.

Obudzicie się nie bądźcie bierni
Z wioski miasta wszyscy wierni
Zakupcie gdzieś w Montrealu
Ciężką tacę lecz z metalu
A może nawet z żeliwa
Niech dźwiga bestia chciwa.

Niech więc pot mu czoło zrosi
Tak pobiega i poprosi
Wnet mu mina szybko rzednie
A pycha natychmiast odejdzie.

Czas dobrodziej

Czas dobrodziej przygarnia
Istoty żywe i martwe
Na jedną prymitywnie
Zbudowaną tratwę.

Tak więc razem stłoczeni na tratwie
Na wijącej się czasu fali
Jednych otchłań wciągnęła
Inni sami pospadali.

Ale część jednak została
Ma swój okres czasu
Korzystając z danych dobrodziejstw
Czeka swego czasu.

Budząc się wczesnym rankiem
Czasami się martwię
Jak długo mi będzie wolno przebywać
Na tej ziemskiej tratwie.

Cóż mam począć krzyczeć
Czy siedzieć po cichu
Może ukryć gdzieś i modlić
By nie zmogło licho.

Nikt nie może odebrać nadziei
Choć czas bardzo ciałem szarpie
A siwizna na głowie
Zostałem na tratwie.

A co będzie się dalej działo
To zdecyduje ktoś inny większy

Odepchnie nieszczęścia i troski
Życie nam upiększy.

Wypełniajmy co nam przydzielone
I nim czas nasze istnienia zatrze
Wcale nie jest źle przebywać
Na pięknej ziemskiej tratwie.

Wytwór myśli

Wytwarzasz myślami
To czego nie widzisz
Co może jest takie ważne
I czego się wstydzisz.

Ale mimo wielkich wysiłków
Nie dojrzysz przyszłości
Pomimo że posiadasz wielką wiedzę
Dwoisz starasz się i krzątasz
Używasz różnych przyrządów
I być może czarów
Nie osiągniesz na żaden sposób
Wiedzy przyszłości i swoich zamiarów.

Jestem ziarnkiem maleńkim pszenicy
Rzuconym na rolę
Mam swój czas ziemski do spełnienia
Siłę wolną wolę.

A tak naprawdę to nie wiadomo
Co się zatem dzieje
Czy jestem naprawdę
Czy tylko istnieje.

Stanisław Pysek Prusiński

Przebiegamy czasowo przez życie
Różnymi drogami
Jesteśmy czasami braćmi
Niekiedy wrogami.

Żyjemy w różnych częściach świata
W bardzo różnej wierze
Ktoś się modli słońca
Często ludzie w nic nie wierzą,

Bywa że wierzą ludzie w smoka dobrego
Czasami w złego szatana
A ziemię to jakby nie obchodziło
Przemieszcza się sama.

W niezbadanej przestrzeni
Gwiazdami usłanej
Po wyznaczonej orbicie
Promieniując życiem.

Czasem we śnie się przedstawi
I przyszłość być może wyśni
Bądźmy zawsze weseli
Pełni dobrych myśli.

Szastać

Nie szastaj zdrowiem
Prawdę wyjawiam lecz się obawiam
Że ktoś to przyjmie z głupim uśmieszkiem
Ten co to pisze to połknął rózgę
Albo ma kłopot ze swoim mózgiem.

Trenować ciało to umiejętnie

Dużo tego

I nie przeginać bo można stracić
Zostać kaleką życiem przypłacić
Zatem szastając dużo zapłacić.

W sporcie dyscyplin są całe setki
Ktoś biega szybko dopada mety
Ale gdy przegnie co będzie dalej?
Nic się nie dzieje ten ktoś to chwali.

A na wyścigach samochodowych
Przedziwnych maszyn donośne dźwięki
Nagle wypada z toru zwycięzca
Urwana głowa koniec piosenki.

O tym zwycięzcy którego nie ma
Zdobył medale lecz się nie cieszy
Czas jego nastał ten się pochlastał
Przez głupią szybkość bo taką szastał
Życiem i zdrowiem już nic nie powiem.

Spotkanie z UFO

Tak mnie zatkało aż w buzi sucho
Dzisiaj na działce spotkałem Ufo
Wylądowała dziwna maszyna
Spalona trawa nie moja wina.

Bez zaproszenia w gorączkę latem
Wielkie ryzyko było dramatem
Ale w kosmosie to różnie bywa
Przybyli do mnie napić się piwa.

Obcy z kosmosu ale pociecha
Przybyć na ziemię napić się Lecha

Stanisław Pysek Prusiński

Oni już dziesięć lat są na wizji
Te wszystkie dane są z telewizji
Polskiego Lecha aż serce rośnie
Pragną się napić z kosmosu goście.

Kiedy wysiedli z dziwnej maszyny
Inni niż ludzie zwykłe roboty
Tak ich paliło i mieli kaca
Że nie czekali aż do soboty
Wyszli ze statku to się pytali
I wyglądało jakby mnie znali.

Wiedzieli kim jestem jak mi się żyje
Że piszę wiersze ale nie piję
Że już mam rentę na chore serce
Coś zreperuję coś tam przykręcę.

Ten ich kapitan i dowodzący
Po przywitaniu puścił im oko
Mówił że ludzi ceni wysoko
I wyjął z torby zgodnie z programem
Telewizyjna Lecha reklamę.

Więc do roboty szefunio rzecze
Nie czaj się Stasiu dobry człowiecze
Biegnij do sklepu mój drogi Pysku
Po nieodpłatne piwo z odzysku.

Cóż miałem czynić iść na piechotę
Po jedną skrzynkę na taką słotę
Więc pomyślałem wziąłem Toyotę
I mknę po Lecha tam gdzie jest tanio
Stoję w kolejce za piękną panią.

Dużo tego

Jak jestem szczery i się zdobyłem
Więc dziesięć skrzynek Lecha na tył wrzuciłem
Forsy nie dali płaciłem z renty
Trzeba ugościć kosmos jest święty.

Przyjęcie trwało ze dwie godzinki
Zostało tylko Lecha pół skrzynki
Załadowali resztę niestety
Do swojej szybkiej dziwnej rakiety.

Na pożegnanie mnie uściskali
Ziemię spaloną trawą zasiali
Chcieli mnie zabrać nie chciałem lecieć
Jak tu zostawić żonę i dzieci.

Więc pomachałem do zobaczenia
Zostały tylko piękne wspomnienia
Lecz dowiedziałem się nowych wieści
Co się w przeciętnej głowie nie mieści.

Do przodu iść

Do przodu iść nie cofać się do tyłu
Poznawać nowe nie martwić się tym
Co będzie jutro
I tym co kiedyś się zdarzyło.

Ze wschodem słońca
Poznawać życie nowe
Wyprostuj się więc
I dumnie unieś głowę.

Stworzony świat
Dla wszystkich taki boski

Dążenia do lepszego bytu
Zmartwienia wzloty troski.

I ciągła wiara wraz z nadzieją
Przeplata się przez życie
Jak dumna tęcza
Na boskich bram błękicie.

Tak chciałbyś dobrze i wygodnie żyć
Cóż czasem nie wychodzi
A czas przemija rzuca cienie
A każdy o czymś marzy
Dzisiaj jesteśmy weseli młodzi
Jutro zgorzkniali starzy.

A świat skąpany w ogniu wojen
Brak prawdy i miłości
Pokryty fałszem i obłudą
Zło w naszych sercach gości.

Wypleniać zło dochodzić prawdy
Więc z Bogiem iść przez życie
A wtedy staniemy się lepsi dla siebie
I zrozumiemy życie.

Zaproszenie do wieczności

Zaproszeni do stołu królewskiego
Wielkiej tajemniczej komnaty
Bez względu na pochodzenie społeczne
Niezależnie czy biedny czy bogaty.

Wszystkie miejsca
Przy okrągłym stole zajęte

Dużo tego

A głowy zgromadzonych zwrócone
Na wielkie dni dębowe zamknięte.

Goście długo czekają
Lecz król z orszakiem się nie zjawia
Co być może tego przyczyną
Czy może się czegoś obawia?

A godziny wolno płyną
Na wielkim ściennym zegarze
Światło spod wielkich firanek
Rzuca cienie na zmęczone twarze.

Nagle drzwi się wielkie rozwarły
Król się pojawił i jak zwyczaj każe
Wszyscy zgromadzeni w komnacie
Upadli na twarze.

Oblicze króla biło światłem
Wzrok przenikał mury
Spojrzał na padłe postacie
I uniósł wzrok do góry.

I skinieniem świętej ręki
Krzyż czyniąc nad chlebem
Natchnął wszystkich duchem świętym
Zgodnie z prawa niebem.

I od tego momentu nastał
Inny czas boski
Zniknęły w duszach zebranych
Gniewy pycha troski.

I znikł ucisk i oddalona

Została katastrofa zguby
I zakończyły ziemską wędrówkę
Z różnych wieków ludy.

Zając i leśniczy

Sprawa niezwykle ważna paląca
W lesie leśniczy dopadł zająca
Który to znęcał się gryząc drzewko
Chyba pomylił liście z marchewką.

I wywiązała się duża sprzeczka
W lesie nie rosła żadna marchewka
Zając tłumaczy leśniczy swoje
Coś stać się może tego się boję.

A co się stało tak moi drodzy
W lesie zjawili się ekolodzy
Uznali sprawę za czyn nierządu
I wnet udali się wszyscy do sądu.

I wyrok zapadł nad samym ranem
Sędzia z rozmysłem wypił śmietanę
Dotąd nie wiemy kto tam miał rację
Zając skazany na emigrację.

Zakaz gryzienia drzew i rozpusty
Dotyczy również zwykłej kapusty
Leśniczy również jest przeniesiony
W gdzieś tam odległe nieznane strony.

Lecz pozostali się nie ugięli
I uszkodzony las wnet wycięli
A ekologów to nie wiadomo

Dużo tego

Porwało UFO a może ZOMO.

Na samej górze duża przesada
Dziwne rządzenie afery sporne
Ustawy dzikie niemal upiorne
Sprzeczne z logiką potworne i głupie
Dążąc do władzy idą po trupie.

Stosy papierów zapchane biura
Na prezydenta chcą wybrać gbura
Gdzieś w komitecie upiorna pani
Pcha się do rządu głupoty chrzani
Gdy masz głosować powinieneś wiedzieć
Ona już dawno powinna siedzieć.

Złodziej bez spodni w komisariacie
Ktoś pomyłkowo mu ukradł mu gacie
Lecz go nie ruszą jest taki układ
Kiedy podzieli się tym co ukradł.

Komuś komornik dom wziął za długi
Prezes przypisał sobie zasługi
A w magazynie ma koki strugi
Jąka się dziwnie głową potrząsa
Kto się sprzeciwia bardzo się dąsa.

Władca sił zbrojnych dziadyga łysy
Ten się dorobił temu też wisi
Ma cztery koty i samoloty
Gdzieś na zachodzie rancza i knajpy
Ten już oszalał bo gania małpy.

A pokemony tak się zbiesiły

Gdzieś się w Afryce w piasku ukryły
Są w Ameryce Afryce na Krymie
I w Paragwaju a nawet w Rzymie.

Nie rosną kwiaty lecz wodorosty
Obowiązkowo wprowadzą posty
Leczy tylko na wsi a nigdy w mieście
I demokrację mamy nareszcie.

Kuszenie

Nie ścinać głowy a to u diaska
Może by zatem tak użyć paska
Żeby tak w pustym polu czy lasku
Diabeł powiesił się sam na pasku.

Ze złem się skumasz to już nie żarty
Bo duch nieczysty jest tak uparty
Będzie cię śledził i często kusił
Coś obiecywał byś się udusił.

Diabeł ukryty za czarną różą
Posiada zatem pomysłów dużo
Stąd czary wiedźmy złowrogie wieszcze
Zaklęte rzeźby kamienne deszcze
A zło jest dobrym iluzjonistą
Wczoraj bałagan a dzisiaj czysto.

Wszelkie zaklęcia i przepowiednie
I wymyślone bezmyślne brednie
Straszenie piekłem w imię wolności
Jest takie sprzeczne z prawem miłości.

Uczony

Pan uczony w piśmie w mowie
Często drapał się po głowie
Dodawał dzielił przeliczał
Nie rozmawiał zawsze milczał.

Nie spał nie jadł nie skakał
Często się kwasił i płakał
I wznosił do nieba ręce
Prosząc o rozumu więcej.

Nie miał rodziny dzieci i żony
Czuł że zawsze jest śledzony
I ma swojego anioła stróża
Który również się podkurza.

Więc korzysta z bożej łaski
Czyniąc różne wynalazki
I właśnie któregoś rana
Przypadkiem ujrzał szatana.

Szatan przyszedł z wielką muchą
Odciął nożem własne ucho
Skurczył się i zamknął oczy
I do próbki małej wskoczył.

Pan uczony zebrał próbki
Dolewając trochę wódki
Tak powstała sucha trawa
Brązowawa i brzydkawa.

Wtedy to się właśnie stało
Coś wybuchło z taką siłą

Uczony runął na ziemię
Całą twarz mu osmoliło.

Szybko się pod łóżko schował
Wkrótce anioł go tam znalazł
Jak się później okazało
Pan uczony proch wynalazł.

To nie bajka nie legenda
Sprawił to ten diabeł menda
I pod czujnym Boga okiem
Do tej pory śmierdzi prochem.

Trochę to wina i anioła stróża
Może przerwa na lunch była za duża
Pan Bóg bardzo się zasmucił
Anioła z nieba wyrzucił
Nie doczekał biedak renty
Skąd ma wziąć na alimenty.

A uczony choć za młodu
Wyciągnął nogi do przodu
Rozchorował się przewlekle
I się wałęsa po piekle.

Miła

Pobożne życzenia pragnienie siły
Dziwne instynkty w mózgach zrodziły
Teorie fałszu prawdy i zdrady
Jak to zrozumieć i skąd wziąć rady.

Zasypiasz nocy sny masz koszmarne
Wizje napięcia katastrofalne

Dużo tego

Wszystko z tykaniem zegara przejdzie
Ranek nastawa ciemność odejdzie.

Życie się rodzi w promieniach słońca
I trwa na nowo i nie ma końca
Zapał do pracy i nowa siła
Zostańmy razem bądź ze mną miła.

Szalony wóz

Gdy wóz oszalał uciekł przed koniem
Nastała cisza dziwne stuki kopytem
Nikt nie spodziewał że tak się stanie
Koń oczy przetarł patrząc z zachwytem.

Dobrze się stało myśli konisko
Straciłem pracę lecz to nie wszystko
Wnet poczuł ulgę gdy setkę rąbnął
Bo przez te lata to on wóz ciągnął.

Konik zarzucił uprząż na plecy
Ot tak zwyczajnie trochę dla hecy
Wrócił na ranczo do pańskiej schedy
Ale bez wozu a to pół biedy.

Z wozem to stało się lecz odwrotnie
Ten wypadł z drogi potłukł się sromotnie
Stracił drabinkę i jedno koło
I rozwalony leży przed szkołą.

Jak to zrozumieć ogarnąć wszystko
Kto tu ważniejszy koń czy wozisko
Jaki więc morał wynika z bajki
Fajka ważniejsza czy dym z tej fajki.

Specjalnie dla państwa młodych

Dziś w Trentonie się święci
Goście wszyscy uśmiechnięci
To wesele Moniki i Jurka
Zza drzewa wyjrzała wiewiórka.

Panna młoda w bielutkiej sukience
Do Bozi wyciąga ręce
A pan młody kroczy dumnie
Stresa ma to się rozumie.

Przy ołtarzu uśmiechnięty
Pastor kropidłem ich poświęcił
Życząc zdrowia i radości
Oraz wszelkiej pomyślności.

Jurek długo głowę chował
Lecz się w końcu ustatkował
A sprawiła to Monika
Skąd ten ślub i ta muzyka
Pod pantoflem nie zafika.

Małżeństwo to ważna sprawa
To nie żarty nie zabawa
Trzeba zatem móc nadążać
I z obietnic się wywiązać.

Nasuwa się problem trzeci
Pewnie pojawią się dzieci
I trudności materialne
Niechciane niezmienialne.

Wspólne sprawy miękkie łoże
I zaskrzypieć czasem może
Niewskazane też się kłócić
A gdy już dojdzie do sprzeczki
To złości do kosza wyrzucić.

Sprawcie sobie mercedesa
Kupcie domek więcej włości
Lecz starajcie się nie pościć
Niech nie braknie wam refleksu
I nigdy nie strońcie się seksu.

A wszystko dobrze wam pójdzie
Bo jesteście młodzi ludzie
Żyjcie długo z Bogiem w sercach
W zdrowiu szczęścia i miłości
Niechaj w waszym nowym życiu
Miłość i dostatek gości.

Pogoń za lepszym życiem

Mknie do przodu ciężarówka
Za kierownicą Daruś synek taty
A zmęczone jego oczy
Z każdą chwilą coraz bliżej
Wypatrują nowej chaty.

W noc ponurą głuchą ciemną
Wypadało by się zdrzemnąć
I odpocząć po dniu znojnym
Cichym słodkim snem spokojnym.

W pogoni za lepszym życiem
Synek taty marzy skrycie

By rankiem ujrzeć rodzinę
Do celu ma około godzinę.

Na zegarze trzecia rano
Już niebawem zorze wstaną
I dzień zacznie się od nowa
W nowych czynach prostych słowach.

Mknij do przodu ciężarówko
Tylko bezpiecznie i nie za szybko
Gdy się zmęczysz Daruś synku drogi
Zjedź na zajazd i odsapnij
I od nowa jazdę zacznij.

Rankiem ujrzysz drogą żonę
Roześmiane dzieci buzie
Więc powoli jedź do domu
Bądź spokojny i na luzie.

Karta życia

Karta życia zapisana
Trzeba znikać i zejść z drogi
I niezależnie od wieku
Bogaty czyś może ubogi.

Wypełniły się marzenia
I koniec ziemskiej sielanki
Czas głowę do ziemi schyla
Jak zwiędłe liście badyla.

Skończyły się nasze podboje
Czas minął i nic nie jest twoje
Skłoń głowę bo nawet wypada

Chwil życia już koniec spadaj.

Zalety jabłek

Mówię prawdę z racji diety
Jakie jabłko ma zalety
I dla zdrowia i urody
Zjadasz jabłka będziesz młody.

Więc z rozważań tych wynika
W jabłkach pełno jest błonnika
I kalorie też posiada
Niezerwane samo spada.

To nie bajka nie pusta gadka
Długo żyje kto je jabłka
Pije soki i przeciery
Stąd humory i bajery.

Jabłko zatrzyma biegunkę
Schudniesz panno zwężysz gumkę
A jedząc jabłka grubasie
Odzyskasz sylwetkę w czasie.

Jabłko w szkole w każdym domu
Nie gryź jabłka po kryjomu
Ale oficjalnie na weselu
W biurze więzieniu czy wczasach nad morzem
Jabłko wzmocni twoje zdrowie
Bo to pożywienie boże.

Jabłka małe i ogromne
Prosto z drzewa chodźcie do mnie
Wzmocnijcie serce i cycuszki

Po jabłuszkach zgrabne nóżki.

Jabłka wielkie siły dają
Czucie i wiarę wzmacniają
Dostępne są w każdym sklepie
Na kaca zjesz nie telepie.

Jabłka tanie kupisz z renty
Tylko trzydzieści dwa centy
To produkt do życia niezbędny
Spożywaj przy każdym obiedzie
To wtedy daleko zajedziesz.

Nie szalej cieczy

Nie szalej cieczy wódko nie wariuj
I nie wrzeszcz bo ci to nic nie da
Tak marnujesz ludzkie zdrowie
Przepada dobytek i scheda.

Zamknięta w butelce cieczy
Po odkręceniu korka
Rozlana do zwykłej szklanki
Wyczynia w mózgach sielanki.

Och ty niewdzięczna gorzka flądro
Że też się ciebie człowiek słucha
A działanie twoje widać
Po dziwnych nieokreślonych odruchach.

A więc najwyższa już pora
Wystrzegaj się tego potwora
A więc przesadnie nie pij
A będziesz czuł się lepiej.

Stąd biorą się nałogi
I plączą się ludziom nogi
Kto wygrać próbuje z szatanem
Niestety pada nad ranem.

Dobre rady

Zamiast wódy pij śmietanę
Wtedy nikt ci nie podskoczy
Po gorzałce miewasz kaca
Bolą włosy plecy oczy.

Nie igraj z głupawą cieczą
Bo poplączą ci się nogi
Być może i ząbki wylecą
Czasami pomylisz drogi
Dorosły i mały smyku
Możesz skończyć na odwyku.

Otrzęsiny

Otrzęsiny wyraz dziwny
Może prosty czy naiwny
Ale bardzo pożyteczny
Bywa czasem niebezpieczny.

W trakcie życia i rozwoju
W świetle czysto gospodarczym
Trzeba działać obiektywnie
Szczerze prosto pozytywnie.

A czas płynie boski święty
A zdarzają się przekręty

Ktoś pod nogi rzuca kłody
Wpycha do głębokiej wody.

Polityczny hipokryzja
Przekupiona telewizja
Ktoś buduje gdzieś pałace
A bezdomny w dole płacze.

Nie wiadomo co się stało
Gdzieś błysnęło i zagrzmiało
Na wielkim ciele narodów
Jest mnóstwo skaleczeń i wrzodów.

System padł stąd otrzęsiny
Ktoś jest czysty ktoś bez winy
Czasu cofnąć już się nie da
Pożogi strajki i bieda.

Przewodnicy się wynieśli
Nowe i płomienne pieśni
Inny ustrój i szarańcza
Bliźni bliźniego wykańcza.

Zamiast pląsać i się dąsać
Spróbujmy rozumem potrząsać
Któż na świecie jest bez winy
Stąd te częste otrzęsiny.

Dwa końce kija

W czasie wojny i pokoju
W zwykłym życiu trudzie znoju
Genetycznie się rozwija
Zwykła świnia lecz bez ryja.

Dużo tego

Z prawami fizyki i słońcem
Kij posiada aż dwa końce
Bardzo sprytnie się wywija
Może trafić prosto w ryja.

Z drugiej strony nie ma ryja
Nie uderzysz świni kijem
Sam musisz bardzo uważać
Nie trafisz to się zabijesz.

Mądry ten i dobrze czyni
Więc nie prowokujmy świni
Tej bez ryja czy tej z ryjem
W końcu sama się zabije
I upieką ją na ruszcie
Ale smaczna zjeść pomóżcie.

Urodziny Tereski

Warto wiedzieć i potrzeba
Tereska to imię z nieba
Gdzieś z przestrzennych wysokości
Wielkie święto dużo gości.

Urodziny ważna sprawa
Słodki torcik i zabawa
W złotej sukni piękna dama
Dumna śliczna roześmiana.

Żyj nam długo i szczęśliwie
W dobrym zdrowiu dobrobycie
Bądź szczęśliwa śliczna buźko
Ty tak bardzo kochasz życie.

Pracowita i odważna
Piękna wszystkim bardzo bliska
To są życzenia od gości
I od męża Stasia Pyska.

Wynalazek

Pan uczony Ernest Kania
Całe życie myślał skrycie
Żeby tak o ile można wynaleźć coś
By przedłużyć życie.

W nocy raz nad samym ranem
We śnie spotkał się z szatanem
I poprosił złego ducha
Ten uważnie go wysłuchał
I obiecał pomóc w sprawie
Wyglądało to ciekawie
Żeby móc przedłużyć życie.

Wtedy właśnie się zaczęło
Uczonego wielkie dzieło
W dwa lata i jedną godzinę
Zbudował ogromną maszynę.

Na otwarcie sprosił gości
Stryjka wujka ciotkę brata
Było to z samego rana
Lecz nie zaprosił szatana.

Kto więc pierwszy chce żyć dłużej
Może wujek ten się wkurzył
Nie chce ciotka nawet osioł

Dużo tego

Nikogo nie będzie prosił.

Nasz uczony lata marzył
W końcu pierwszy się odważył
Raźno wskoczył do maszyny
I zapadła martwa cisza
Trwało to ze dwie godziny.

Coś się chyba w środku stało
Krzyk się rozległ i zawiało
To zdziałał szatan niedobry
Pan uczony w końcu wrócił
Tak bardzo miał smutną minę
I płakał prawie godzinę.

Biedak miał intencje dobre
To szatan zwinął mu torbę
Jeszcze gorzej ukradł duszę
Dumną twardą a w niej grzechy
Wynalazek również przepadł
I nie ma żadnej pociechy.

Przestrzeń

Co można nazwać przestrzenią
Co twierdzi nauka chemia czy fizyka
Czy coś takiego istnieje naprawdę
Czy to jest to co się pojawia i znika?

Samo słowo przestrzeń
Wymyślone właśnie przez człowieka
Nie ma początku końca i próżni
Niczym od siebie się nie różni.

To jest naprawdę nic
Tak jak zero ale jednak coś znaczy
Jest zwyczajną zamkniętą kreską
Wymyśloną i nazwaną kołem.

Lub okręgiem a w środku pusto
Wszystko jest co najmniej dziwne
Nie zostało zmyślone i urojone
Jak mieszanka grochu z kapustą.

Jak się dorobisz to co

Jak się dorobisz to co wtedy?
Staniesz się inny wspanialszy
Mądrzejszy duchem większy
A może jednak lekkomyślny nijaki.

Beznadziejnie nudny gniewliwy
Być może bardziej chciwy
Z przyszłością czy bez przyszłości
Może pozbawiony radości
Na widok następnego poranka
Ściśnięty przez bogactwa kleszcze
Pragniesz i chcesz mieć więcej jeszcze.

I ciągle jest mało i mało
Chęci do życia być może tak niewiele zostało
Głupio będzie schodzić ze złotej sceny
I zamożnego ekranu
Ktoś nagle odezwał się z przestworzy
Dziękujemy pani czy panu
Za udział w życia fali
Decyduje za ciebie ten ktoś z oddali.

Dużo tego

I odchodzisz a złoto zostało
Naścibuliłeś i wcale nie mało
Zostawiłeś tak bardzo dużo
Walcownię rzeźnie dwie fabryki kurzu
Zakurzony wazon z czerwoną różą.

Źle

Źle to jest gdy mocno głowa boli
Być może wpadnie ktoś do biura z kontroli
Teściowa załadowała do strzelby naboje
Ktoś ukradł twoje nie swoje.

Zdarzyło się że nie miałeś racji
Trzeba wyjeżdżać koniec wakacji
Może żona na ciebie się zżyma
W lodówce pustki wypłaty nie ma.

Państwowe sprzedano lasy
Zgubiłeś bilet na darmowe wczasy
W dzienniku obejrzałeś bajkę
Dynamitem naładowałeś fajkę.

Zdziałały to siły nieczyste
Wybuchło uznano ciebie za terrorystę
Kto by pomyślał o takim błędzie
Już więcej tak źle nie będzie.

Nieszczęsny wielbłąd

On nie chciał być wielbłądem
Za żadne skarby
Marzył by być tygrysem
Wkurzały go dwa garby.

Bronił się przed nadaniem mu tej postaci
Stroił miny zmieniał na twarzy farby
Niestety został wielbłądem z nadania
A więc posiada dwa garby.

Zgorzkniały zawiedziony
Stanął na wysokiej rzecznej skalnej skarpie
Skoczyć na dół czy nie skoczyć
Ze złymi myślami się szarpie.

Zło jednak zwyciężyło
Ten głowę w nogi schował
I zsunął się do przepaści
Wydając okrzyk hardy
I jest wyprostowany
Zniknęły oba garby.

Wnuczęta

Kto jest babcią czy dziadkiem to pamięta
Co znaczą w rodzinie wnuczęta
Mogą czarne zmienić w białe
Stąd są wciąż nowości małe.

Dziadzia wrzuciło za rampę
Bo go wnuczek trącił w lampę
Że ledwie się wtoczył do domu
W kącie płacze po kryjomu.

Hałasy i krzyki jak co dzień
Babci śpiącej mały ogień
I przypaliło jej pięty
Wnuczek skacze wniebowzięty.

Dużo tego

Ktoś dziś z piór oskubał kurę
Narobił kopeczkę w dziurę
Babcię zamknął w szopce
I wypuścił z chlewka owce.

A i tato urodzony
Wpadł do domu wystraszony
Bo synek odpalił racę
Aż pastorowi wyrwało tacę.

A że się to stało w kościele
Usprawiedliwienia nie będzie
Mamusia tak bardzo się męczy
Pytaniami pastor ją dręczy.

Drugi dzień już nie ma wnuczka
Z budy znikła czarna suczka
Wnuczka wczoraj kaca miała
Za browarek ją sprzedała.

Lecz jest fajne wszyscy wiecie
Jak rodzinka jest w komplecie
Chodźmy razem placki smażyć
Bo wszystko się może zdarzyć.

Czy warto oszczędzać

Czy warto jest oszczędzać
W imię dobroci radości
Ścibulić tak i pracować
By inni mogli zazdrościć
I we wszystkie piątki pościć.

Tak bez przerwy co niedziela
Odwiedzać starą jabłonkę o zmroku
I uciułane grosze chować w garnku z gliny
Dla dzieci wnuczków i rodziny.

Jak chcesz mieć więcej przecie
Jagody zbierasz w lecie
A jak się świt zaczyna
Za stonką biegać w redlinach.

I ciągle naśladować pracowitą pszczółkę
I stawać się mozolnym wołem
Aż pot przepływa i dreszcze
I zawsze mało jest jeszcze.

Nagle zabrakło siły
I czasy się zmieniły
Mózg ogarnęła amnezja
Katarakta na oczy padła
Ścieniałeś pozbyłeś się sadła.

Zapomniałeś o swojej skarbonce
Zakopanej z oszczędzanym skarbem
Nic nie rozumiesz masz amnezję
Jesteś niemrawym przygłupem z garbem.

Twarz twoja jest blada i martwa
Odpłynęła złota tratwa
Nie pomoże w szpitalu i dobry psychiatra
I najlepsza na świecie wróżka
Przywiązany do łóżka
Skórzanymi szerokimi pasy
Odbywasz płatne przymusowe wczasy.

Dużo tego

A jabłoń w ogrodzie płacze rzewnie
I tęskni za tobą to pewne
Zakopane złote talary
I myśli oj jaki frajer ten ciułacz
Głupi łysy i stary.

Pomyłkowy więzień

Bywa że coś czasem i nie wypali
Byłem na wczasach aż w Gwatemali
Jak pomyślę o tym mam silne dreszcze
I sny okropne i coś jeszcze.

Tego się nigdy nie dowiemy
Kto mnie wyciągnął z opresji
Zostały jednak niemiłe wspomnienia
I skutki przebytej agresji.

Przypadkiem zostałem porwany
Pomylony z dyplomatą
Całe życie będę pamiętał
To południe i tamte skwarne lato.

Jako wróg polityczny
Wrzucany do kotła z ukropem
Kopany bity mieszany z błotem
Torturowany do podłogi przybity
Wypełniano za mnie kwity
Łykałem bo tak mi kazano.

To był cud niezwykły przypadek
Tej nocy to przyśnił mi się dziadek
Co zginął w czasie wojny
Powiedział wtedy będziesz wolny.

Wtem coś mnie uniosło do góry
Tak wtedy pękły sznury
Na tyle siły miałem
Że z chaty się wyczołgałem.

Duch sprawił że byłem mocny
Że stałem się niewidzialny
Tak ominąłem straże
Ten głos mi dawał rady
Dotarłem do ambasady.

Kto mi pomógł jasna postać
Że mogłem wszystkiemu sprostać
Bóg dał mi tyle siły
Udręki się skończyły
Dziś wolny podziwiam zorze
Wierzę że Bóg wszystko może.

Ja i Leon

Dziś spotkałem się z Leonem
Wiem że kumpel ma zielone
Leon to kolega stary
Więc pożyczy mi dolary.

Proszę   pożycz słuchaj Leon
Leon mówi że to nie on
Tylko jakiś inny Zenon.

Nie do wiary toż to Leon
On się zaparł że to nie on
Tak okropnie się zdziwiłem
Że za głowę się chwyciłem.

Dużo tego

Znów zacząłem   Leon zawdy
 Druhu ty nie mówisz prawdy
 Przecież znamy się ze szkoły
 Taki sam byłeś wesoły.

Rysy te ta sama żmija
 Prawdę mów bo trzasnę w ryja
 A jak nie to strzelę w oczy
 Że aż do góry wyskoczysz.

Nagle ziemia się zatrzęsła
Nie zdążyłem się chwycić słupka
Moją głowę pochyliło
A na ziemię spadła dupka.

To mi właśnie zrobił Leon
Tak naprawdę to był nie on
A pomyłka zaszła taka
Leon brata miał bliźniaka.

Moje szanse były zerem
Bo ten gościu był bokserem
W szpitalu odwiedził mnie Leon
On naprawdę czy to nie on.

Teraz cierpię i się wstydzę
Pożyczył mi dolary ale ich nie widzę
Zalepione mam oczęta
I długo to będę pamiętał.

Zapisane karty

Stronice księgi życia zapisane słowo po słowie

Wyraz przy wyrazie w każdym razie
Drobnym druczkiem dostaniesz nauczkę
Za to że wracałeś chwiejny do domu nad ranem
Zostało też zapisane.

Pomyliłeś ścieżkę z ogródkiem
Niechcący rozlałeś wódkę
Zostawiłeś teściową na łódce
I zepchnąłeś na szalejące morze
Nic ci nie pomoże
To zapisane zostało na konto
Pokutne okrutne.

A dziewczęta niemiły
Byłeś żonaty i się jeszcze śniły
I ciągłe pokusy i wyskoki na boki
Widziały to wszystko obłoki
I duszki niewidki te twoje zbytki
Zebrały się wyrazy
I stworzyły księgę powieści
Że się w głowie nie mieści.

Ale i dobre są strony
Miłe zwracanie do żony
Kup sobie kochanie kolczyki misterne
Te spojrzenia i czułości wierne.

Troska o byt materialny i całowane nogi
Tak mój drogi
To dobre uczynki rzucone na szalę życia
Nic nie ukryje się i nie ujdzie płazem
Nad każdym zdarzeniem czuwa
Wielka niewidzialna siła
Sąsiedzi panowie i piękne damy

Dużo tego

Równe szanse na stronicach swojej księgi mamy.

Przeznaczenie
Byłem wolny miałem klasę
Mieszkałem w domku pod lasem
Piękna łąka zwierząt tyle
Wokół ptaki i motyle.

Raz spotkała mnie przygoda
Odpoczywam rwę truskawki
Coś się nagle poruszyło
I wyjrzało z dużej trawki.

Myślę sobie chyba żmija
Pewnie już wyciąga ryja
Albo jakaś dziwna stonka
Może ugryźć nawet w członka.

Już odczuwam jak to boli
Zerwałem się hop ze steczki
Oglądnąłem się za siebie
Buzia włosy i sukienka
Tak to jest na pewno żmija
I w przebraniu taka cienka.

Teraz już nie miałem czasu
Pędem pognałem do lasu
Biegam błądzę śpiewam płaczę
Zmęczyłem się usnąłem na skarpie
Ktoś mnie lekko głaszcze czoło
Dziwnie za uszęta szarpie.

Myślę sobie to nie fraszka

Stanisław Pysek Prusiński

To pora przyszła na Staśka
Delikatnie z górnej strony
Zaraz zostanę zjedzony.

Coś mnie połechtało w pięty
W biały dzień mam być połknięty
W imię Ojca Syna Ducha
Może Pan Bóg mnie wysłucha.

Nic groźnego się nie staje
Pewnie Bóg mnie kocha bardzo
Czasem takim chłopskim jadłem
To niektóre żmije gardzą.

Otworzyłem jedno oko
Aż zemdlałem z przerażenia
To nie była żadna żmija
To była panna Terenia.

Głos mój zamarł w środku
Pomyślałem wpadłeś kotku
Cóż skończyły się wolności
Czas twój nadszedł ku przyszłości.

Zrozumiałem to mój koniec
Teraz to się poddać muszę
Więc zabrakło piękne dziewczę
Moje serce miłość duszę.

Jak się później okazało
Tereska na wycieczce była
Odłączyła się od grupy
W wielkim lesie zabłądziła.

Dużo tego

Pan Bóg łączy nawet w lesie
I pojedna lwa ze żmiją
Bratnie dusze się spotkają
I wspólne gniazdo uwiją.

Nasza Marzenka

Dlaczego kobiety lubią
I tak bardzo kochają kwiaty?
Ty też lubisz kwiaty Marzenko
Odpowiedz teraz serdeńko.

Kwiaty świeże zerwane
Z bajecznej łąki
Zamaszyste kolorowe
Różnorodne wspaniałe pąki.

Z całym szacunkiem i przy okazji
Tak po prostu może troszkę dla fantazji
Genetycznie uczuciowo
Fantastycznie kolorowo.

Siostrzyczko Marzenko
Z naszej wspólnej odległej nam teraz ojczyzny
Nie omijają nas różne problemy
Jesteśmy aktorami jednej ziemskiej sceny.

Czasem dotyka nas ból brzuszka
Może skołatanej od trosk główki
Przez przypadkowy cukiereczek
Z mleka pędzącej krówki.

Moc rozterek nas gnębi
Nawet latem możemy się przeziębić

I zgubimy mocno przypięte do nóżek narty
A czas nieubłaganie biegnie uparty.

Z każdym nowym dniem narastają nowe nadzieje
Coś nowego się w naszym życiu dzieje
Dojrzewa i promienieje nasza dusza
To wszystko na nas życie wymusza.

A więc nosku do góry zadarty
Odkrywamy odważnie karty
Nie dajmy się pokonać biedzie
Byle nie było gorzej wierzmy
Że z każdą chwilę lepiej będzie.

Reprywatyzacja

I nastały nowe czasy
Oglądamy dziwne sceny
To zatrzęsło gospodarką
A to wszystko wina przeceny.

Tak po prostu w jednej chwili
Jak na Noego arce
Przeceniono o 9 9 %
To co szkodzi gospodarce.

Ale frajda słychać gwizdy
Tumult pośpiech krzyki wrzaski
Pędzą panowie w krawatach
I nieomal nagie laski.

Zapalono samochody
Rowery i hulajnogi
Wózki dziecięce przyczepy

Dużo tego

Ruszono chórem na sklepy.

Każdy dźwiga co da radę
Sprzedawca nawiał pod ladę
Kupują meble cegły i szyny
Dla dzieci wnuczków i dla rodziny
W nocy za dnia nawet w święta
Tylko za jednego procenta.

Stryjna dźwiga elementarz
Dziadek nagrobek na cmentarz
Pijak wódkę z wielką banią
A dlatego bo jest tanio.

Zniknął z półek cały towar
I daremna dotąd praca
Nie zostało nic poza tym
Nawet browarek na kaca.

Wykupiono z zoo lisy
Z arsenału wszystkie bomby
Akordeony i skrzypce
Atrament i długopisy
Nawet bimber z wielką banią
A dlaczego? Bo jest tanio.

W govermencie trwa roszada
Każdy po swojemu gada
Kto ponosi za to winę
Kto ma rację kto bez racji
A ogólnie to wynika
Bo to reprywatyzacja dzika.

Atrakcyjna myszka

Nie do wiary to się stało
To należy do rzadkości
Żeby się zakochać w myszy
Nie jeść nie pić tylko pościć.

Kot był mądry i puszysty
Dziarski inteligentny czysty
Wesoły zabawny urodny
Pracowity bardzo mądry.

Zdarzyło się że chwycił myszkę
Żeby spożyć ją niebawem
Przyjrzał jej się z bardzo bliska
I położył się pod ławę.

Nagle go ogarnął sen
Spał tak prawie cały dzień
Śnił że grał na złotej lutni
Widział myszkę w ślubnej sukni.

Niemożliwe myślał we śnie
Wiercił się płakał i szlochał
Wtedy to biedny kocina
W małej misi się zakochał.

Snem tym bardzo się utrudził
Ruszył wąsem i się zbudził
Jak spojrzał teraz na myszkę
Osiągnął miłosną zadyszkę.

Myśli myszka zatrwożona
Tydzień przebiegł dziś sobota

Dużo tego

Jak tu uniknąć opresji
Zrobić w konia tego kota.

Macha łapką puszcza oko
Podskakuje tak wysoko
A związana w grube sznury
Unosi pyszczek do góry.

A kot przygląda się bacznie
Myśli myszka to się zacznie
Wdzięki przechyliły szalę
Kot ogon pod siebie schował
Sprężył się i wyprostował
Zbliżył się do niej i zamiast zjeść
Pocałował ją i cześć.

Coś takiego się nie zdarza
Myszka z kotkiem do ołtarza
Zakochany kot po uszy
Z czego śmiać się zęby suszyć.

To jakby opowieść biblijna
A dlaczego tak się stało?
Bo mysz była atrakcyjna
Przeczytawszy mam zadyszkę
Pozdrawiam kotka i myszkę.

Złodzieje

To pomyśleć nawet strach
Czy złodziej to też jest fach
Kraść nauczyć się to sztuka
Po cóż zatem pracy szukać.

Złodziej kradnie jak się uda
Nie czeka za miesiąc wypłaty
Przy tym robi różne sztuczki
I nie zawsze jest bogaty.

Inna kwestia też ciekawa
Kraść legalnie w imię prawa
Na urzędzie nie na kniei
Również wielu jest złodziei.

Prawo rządowe bankowe
Bywa czasami złodziejskie
I wychodzą tam machloje
Dziś co twoje to jest moje.

Nocna rozmowa z dziewczyną w podeszłym wieku

Świat się zmienia i zasady
Tak być musi nie ma rady
Jaki sposób zatem znaleźć
By w tych zmianach się odnaleźć.

A więc przed snem wziąć prysznic
Nie pić piwa oraz wina
To na sto procent jest pewne
Że zjawi się w nocy dziewczyna.

Panienka w niebieskiej sukience
Udzieli ci dobrej rady
Nie dyskutuj pochyl głowę
I nie szukaj żadnej zwady.

To nic że zaklnie brzydko
Być może i cię ochrzani

Dużo tego

Jest może i trochę wstawiona
Przewraca się i jest na bani.

I nagle sen się skończył
Udało się i od nowa
Ta panna się przedstawiła
Ja będę twoja teściowa.

Nic się nie dzieje

I nastał nowy dzień
Rozbudzone miasta i wioski
Ruszyły tryby rozpędzone
Ożyły fabryki sklepy restauracje
Zaczęła się walka o byt dążenia
Pretensje i racje.

A co jest w tym dziwne
Że w zgiełku całym
Jest problem dominacji
Dużego nad małym
Ale to pozorna ściema
Tak naprawdę małych
I większych to nie ma.

A prawda to jest taka
Z lotu ptaka czy odrzutowca
Nasza ziemia jest jak skrzypce
Wyjęte z pokrowca.

Ot tak niby bezradna kula
Po orbicie posuwa się wokół słońca
We wszechświecie ogromnym
Bez początku i końca.

Męczybuła

Męczybuła to jest piekarz
Bardzo ważna to dziedzina
Praca przez takiego pana
Wczesną nocą się zaczyna.

Długo trzeba się mocować
Żeby ciasto wyprostować
I aby to żytnio pszeniczne jadło
Urosło a nie opadło.

Świeży chlebuś najważniejszy
Prawda jest nie do ukrycia
Od zarania jest podstawą
Jako pierwszy do spożycia.

I w pacierzu napisane
Powszedniego chleba daj nam Panie
Przy okazji z tej przyczyny
Odpuść również wszystkie winy.

Szanuj chlebek nie zasmucaj
I na śmietnik nie wyrzucaj
Przez piekarza wytworzony
A wtedy będziesz zadowolony.

Nocna rozmowa

Urzędnikiem być niełatwo
Siedzi w biurze zgasło światło
A w papierach nagle zamęt
Czarny wylał się atrament.

Dużo tego

I szuflada zaskrzypiała
Coś upadło na podłogę
Coś się czarne przesunęło
I musnęło gościa w nogę.

Próbuje z fotelu powstać
W drzwiach stanęła biała postać
I szepnęła mu na ucho
Dziś nie ujdzie ci na sucho.

Urzędniku biada tobie
Pięć lat temu tutaj byłeś
Mnie i moje małe dziecko
Bardzo wtedy skrzywdziłeś.

Więc przypomnij ten to sekret
Wtedy podpisałeś dekret
Żeby biednej zabrać rentę
W rozpacz puścić na przynętę.

Spojrzyj w oczy mojej córce
Pochowałam ją na górce
Mały krzyżyk świeże kwiaty
Spójrz ty nędzniku pryszczaty.

Moje ciało żałość zżarła
Nie wytrzymałam i też umarłam
Jesteś zgorzkniałym starym dziadem
Chciwym kłamcą świnią pustym trykiem
Nie będziesz tu urzędnikiem.

Za krawat go ujęła zjawa
Koniec pieśni prosta sprawa

Zląkł się biedny tak miał pietra
Bo skoczył z siódmego piętra
I zła dusza wyszła z ciała
Tylko plama krwi została.

Kiedy podpisujesz dekret
Popatrz w górę
Czytaj sekret nie pytaj
To co jest napisane na górze przeczytaj.

Czas się zmienia

Przemijają czasy
Zmienia się przyroda
Ludzkość i technika się rozwija
Tylko czasu szkoda.

Czy uda się czas zatrzymać
Jak unikać smutku
Spójrzmy więc na piękne
Róże kwitnące w ogródku.

By żyć prawdą i nadzieją
Szanować bliźniego
Należy zacząć tę żmudną pracę
Od siebie samego.

Oj piękne i zagadkowe jesteś życie
Chociaż niektórzy ludzie tobą gardzą
I żeby je przeżyć godnie
Męczymy się bardzo.

Nogi się uginają
Czoło zroszone jest potem

Jesteśmy zatem poniekąd skazani
Na syzyfową robotę.

Zmienić myślenie

Czy zdołasz zmienić myślenie
Na może zupełnie inne
Na bardziej doskonalsze
Mądrzejsze prostolinijne.

Chcesz wszystkie straty nadrobić
Co ci uciekło dogonić
Lecz przed tym co nas czeka
Nie uda się uchronić.

Na naszej tablicy życia
Jak teatralnej scenie
Są wydarzenia prawdziwie ważne
I takie po przecenie.

Jak zmienić mam myślenie
Czy trzeba do tego forsy
Dotychczas byłem nijaki
Czy mam być lepszy czy gorszy.

A więc trzeba będzie spróbować
I zmienić pewne zasady
Panowie byli panami
Zmieniają się tylko dziady.

Kicia

Budzę codziennie kicię o świcie
Bardzo się staram takie jest życie

Wstań kochana opuść łóżko
Nie przykrywaj się poduszką.

Kicia rzuca się do bicia
Pokazuje ząbki duże
Srogo patrzy w moje oczy
Uspokój się myśli łobuzie
Ziewa i przeciąga długo
    Przestań kicia bo się wkurzę.

I nic nie wskórałem panie
Muszę zrobić jej śniadanie
Nagrzać mleczko i placuszki
Może ugotuję kluski.

Kicia wcina głośno mlaska
Niezła z mojej kici laska
Nie wiem co mnie jeszcze spotka
To moje stworzenie to kotka.

Strach

Strach to takie jest odczucie
Jakbyś dostał ostrą rózgą
Rodzi się z nagłej przyczyny
Zaczyna od głowy do mózgu.

Zdarza się że z takim strachem
To przebywa się pod dachem
Choć się czasem głowę chowa
Bo to może być teściowa.

Nie bój się lecz nie strasz mamy
To nie będziesz wystraszany

Dużo tego

Kiedy to pewnej niedzieli
Ścierą cię po czole zdzieli.

Pogoń stracha użyj lachy
Więc spadajcie głupie strachy
Precz do lasu czy na rżysko
Albo gdzieś na wysypisko.

Za darmo

W ciszy w głębokich lochach
Rycerz zapomniany zaszlochał
On życie tak bardzo pokochał
Gdzie się podziały ślepcze te gały
Które tak wiele widziały?

Jego zbroję już zła rdza przejadła
Przyłbica pognieciona opadła
Miecz szary ze srebra obdarł
Wokoło ogniska tarota rozrzucone karty.

Samotność beznadziejnie go nuży
A w sercu tęsknota się burzy
I patrzy w noc straszną i czarną
Otrzymał to wszystko w nagrodę za darmo.

Policzył do trzech i

Przez taki ostatni wdech
Policzył do trzech i zdechł
Pewien pies z królewskiej zagrody
I nie doczekał nagrody.

Król mu obiecał złotą obrożę

Za wierną służbę na królewskim dworze
Za głośne szczekanie i pilnowanie ogrodu
Dawno temu za młodu
Ów król z nagrodą zwlekał
Psina niestety nie doczekał.

Przypadek o którym tu mowa
Sprawa honorowa
I króla boli głowa
Wkurzona jest królowa.

Ten niepokorny psina
Czasami i przeginał
I nieraz z wielkiej nudy
Nie chciał opuścić budy.

I wtedy spotkał go pech
Policzył raz do trzech i zdechł
Dlatego nie dożył nagrody
Bo był już nie taki młody
Nie czeka na złotą obrożę
Nie rusza się już służyć nie może.

Chłop na roli

Nie tak źle ma chłop na roli
Leniuchuje i pindoli
Raz na miesiąc przy niedzieli
Przywożą mu kasę z Trąbeli.

Koń wczasuje traktor orze
Wychlustało tęgie zboże
I w silosy wartko leci
Rolnik płodzi zdrowe dzieci

Dużo tego

A koźlęta barany i owce
Dawno zwiały na manowce.

Dobrze chłopu jest w tym czasie
Stado krów na łące się pasie
I wyrabia ser tylżycki
Wyciągając długie cycki.

Wiosną zimą czy też latem
W garniturku pod krawatem
Gospodyni ma diamenty
Zbiera kasę z babki renty.

W spichrzach wory są pieniędzy
Wszyscy szczęśliwi i spójni
A dlatego tak się dzieje
Bo oni należą do Runii.

Wczasy letnie

Nie ma jak to wczasy w lato
Mama z córką synek z tatą
Opalają się nad morzem
Słońce piecze o mój Boże.

Atmosfera niezła taka
Synek dorwał w wodzie raka
I odziera go ze skóry
Tato ściga wieloryba
Nie dogoni dziś go chyba.

Z mamą to już inna kwestia
Tata mówi że to bestia
Poszła chyba za lodami

To jej zdarza się czasami.

A tymczasem
Wróciła późno niezgodnie z czasem
Przygadała sobie pana
I gadała z nim do rana.

Tata nie rozmawiał z panem
Dorwał go za parawanem
I coś na nim tak wymuszał
Bo wujek się później nie ruszał.

Ktoś mu udzielał pomocy
I spał ten pan na plaży w nocy
Mój tato to zawsze ma rację
I lubię z nim spędzać wakacje.

Mamusia kolacji nie jadła
Ze względu na dużo sadła
I chyba jej szczęka wypadła
A wszystko w najlepszym porządku
Więc zostajemy do piątku.

Ksawery i jego numery

Pan Hrabia Ksawery
Miewał różne numery
Tak czasem go wszystko wkurzało
A to że słońce za mocno grzało
Że deszczu było ciągle za mało.

Był bardzo zamożny po ojcu
I pracą się nigdy nie strudził
Udawał że ciężko pracuje

Dużo tego

To się po prostu ubrudził.

Ubierał się w podarte spodnie
Liczył wolne dni tygodnie
Przekładając kartki z kalendarza
Co leniwemu się często zdarza.

Lecz nagle doznał olśnienia
Na drodze życia stanęła Henia
Młoda dziewka urodna strojnisia
Uwiodła starego misia.

Ksawery miał w bankach miliony
Olśniony miłością palony
Wpadł wtedy na pomysł szalony
A zakochany po uszy
Workiem talarów ruszył.

Zaczęły się tańce i bale
I w poście i w karnawale
Na zamku rządziła Henia
Trzymając za rogi lejenia.

Sielanka nie trwała długo
Ksawery narobił długu
I wtedy to miłość jej przeszła
Cóż Henia od lejenia odeszła.

Zmarkotniał tak Hrabia Ksawery
I zawarł z szatanem ten układ
Zapłacił ostatnie pieniądze
By szatan Heni duszę ukradł.

I stało się coś okropnego

A kiedy decyzja się zmienia
To wtedy pewnego wieczoru na zamku
Henia dorwała starego lejenia.

Z miłości mu głowę ucięła
Ciachnęła i rzeczy wstydliwe
To wszystko co wystawało
I ręce i nogi leniwe.

A w tlen zakochał się szatan
Piekielny i straszny szarlatan
A duszę Ksawery ma wziętą
Zgorzkniałą leniwą zziębniętą.

Ostrzega się dziadka i babcię
I tego co posiada banknoty
Niech wykorzysta je rzetelnie
Nie marnując przy tym cnoty.

Nie zabroni

Nic mi nie przeszkodzi
Urosnę piękny kolorowy i duży
Powiedział niezapominajek liliowy
Do czerwonej płatkowej róży.

A co na to czerwona róża nieduża
Rzekła　　　　　niezapominajek co mówisz
　To wygląda na zwykłą bajkę
　Nie zapominaj że jesteś taki sobie
　Potargany i zniszczony przez deszcze
　Masz czelność chwalić się jeszcze
　Ty jesteś na wpół żywy
　I podobny do pokrzywy.

Ta rozmowa krótko trwała
Sprawiła to sprytna kosa
Niezapominajek ścięty i piękna róża
Została zwykła deszczowa rosa.

Pysek pisze

Pysek pisze z rozmachem
Z dużą szczerością czułością smakiem
Pisze o narodzie i o pogodzie
O plaży z piasku i bystrej wodzie
Wyraża różne z życia problemy
My czytelnicy wiemy co chcemy.

Ktoś krytykuje są spraw odgłosy
To nic że nie stać cię na kokosy
Szanujesz mądrość i ludzką cnotę
Piszesz o wszystkim z dużym polotem.

Sam wiesz że często wdrażasz pomysły
Nie da się kijem zawrócić Wisły
Chociaż jesteś chory i coś tam boli
To nie unikaj samokontroli.

Szanujesz wspomnienia razem z legendą
Czasy są takie lepsze jeszcze będą
Bywaj weselszy i żyj w bojaźni
Piszesz o cnocie i o przyjaźni
Kiedyś zdobędziesz złoto i sławę
Porzuć zmartwienia na dobrą sprawę.

Rycerz

Wygrywał bitwy nie zginął
Lecz niestety czas mu minął
Zdobył ordery i złote bransolety
Lecz stracił tak wiele niestety.

Zabijał bo tak mu kazano
Za pieniądze w imię niczego
Dorobił się niezłej fortuny
Nic mu nie zostało z tego.

Zatracił własne sumienie
Strachem objęty i potem
Umierał w strasznych męczarniach
Pod starym zmurszałym płotem.

Kawaler orderu zasługi
A przez to że miecz miał za długi
I serce kamienne i kleszcze
Co dziś mu potrzeba co jeszcze?

Plon

Prawda jest więc cóż się bać
Żeby zebrać trzeba siać
I otrzymać z pola plony
W sposób nam wszystkich wiadomy.

Ale też się dziwnie dzieje
Jeden zbiera drugi sieje
Ten do pracy wstaje z rosą
Plon zwinęli został boso.

Dużo tego

Dziwne sprawy i rabaty
Wprowadzono piny waty
I dodatkowe podatki
Od mleka karmiącej matki.

Górnik rąbie węgiel w dołku
A na powierzchni na stołku
Siedzi jego przełożony
Wesoły i podchmielony.

W govermencie trwa rozsada
Każdy coś od siebie gada
Ustalono ile komu
Dobierając się do plonu.

Mocne słowa i korzyści
Wielkie fale nienawiści
Kombinacje duża chciwość
Nieporządek nieuczciwość.

Wszystko proste jak na tacy
Burmistrz głaszcze się po glacy
Wypłacono też napiwki
Samochody knajpy dziwki.

Górnik strajkuje na dole
Zboże w spichrzach jedzą mole
Rdza przeżarła już ciągniki
Czyja wina i przyczyna.

Nikt już teraz nie pomoże
Rozkradziono nasze zboże
Plony znikły kupy złomu
Nie ma pracy żarcia domu

Zabrakło chleba i kiełbasy
Ale nastały nam czasy.

Chrząszczu w gąszczu

Gdy był zającem myślał inaczej
Teraz siedzi w gąszczu płacze
Przypadkowo wyjrzał z gąszcza
Ktoś zamienił go na chrząszcza.

Pewnie to zrobiła wróżka
Znikły uszy sierść i nóżki
Nic nie zostało z zająca
Ino glizda w las ciągnąca.

Jak po lesie spacerować
Przed wiewiórką myszką chować
Bać się nawet głupiej żaby
I jeść po wszystkich odpady.

Żeby całą przeszłość zatrzeć
Chrząszczu starał się nie patrzeć
Zamyślony spotkał żmiję
Został ukąszony w szyję.

Jad zadziałał chrząszczu padł
Umarł biedak niezbyt rad
Skończona historia o chrząszczu w trzcinie
Zapomniana wnet przeminie.

W końcu zapłakał

Było to tak
A mogło być całkiem inaczej

Dużo tego

Jest normalnym zdrowym dzieckiem
Z jedną wadą - on nie płacze.

Ukartowane to chyba
W jego życie programie
To nie jest wada wrodzona
Po tacie czy mamie.

W jego rodzinie płacz
Był mile widziany
Płakano razem w największe święta
Urodziny wesela i zgony
Głośno i ambitnie
Szalonym echem czyniąc pociechę.

Myśleli więc ojciec i matka
Jak do płaczu zmusić syna?
Nie pomógł lekarz i czarownica
Bezsilna okazała się też medycyna.

Ten chłopiec był bity
Nie zwracał uwagi na to
Robił minę zezowatą
I śmiał się nawet do ściany.

Zamykany często w kozie
Ten o płaczu słuchać nie chciał
Tylko śmiał się podskakiwał
I pewnie by nie poprzestał
Lecz się stało przypadkowo
Bo się kiedyś w spodnie ze...

I zapłakał głośno rzewnie
Pozytywnie i gorąco

Dobrze wszystko się skończyło
On to zrobił na stojąco.

Sprawa w teatrze

Błysnęło i zagrzmiało
I pękła zasłona
Na wielką scenę z wielkim błyskiem
Wkroczyła ona.

Przenika rycerza na wskroś
I oczyma wierci
Ten który jest takim twardzielem
I nie bał się tyłkiem kręci
Zasłania się niewiedzą
I brakiem pamięci.

Tą zjawą jest biała dama
Sama bez ochrony
Zrozumiał dumny rycerz
Że już jest skończony.

I zapłakał rzewnie głośno
Że wszyscy wiedzieli
Prawdą jest to się dzieje
Lecz tylko w teatrze
Dobrze że jestem tylko widzem
Lecz jak na to patrzę
Też trochę wystraszony
Przyglądam się zjawie
To co zapachniało nagle
W powietrzu i to nieciekawie.

To ktoś tam wypuścił ładunek

Aż stęknął z wrażenia
Policja prowadzi śledztwo
Kurtyna się zmienia.

Ten człowiek który to zrobił
Tak bardzo się wystraszył
Do tej pory się jąka
I w lesie się zaszył.

Ktoś mu kiedyś przypadkiem
Wskoczył na ambicję
Sam więc się przyznał do wypadku
Zgłosił na policję.

Cztery lata odsiedział
I bardzo żałuje
Do tej pory ten zapach
Biedaczyna czuje.

Idealny świat

Pojęcie ideału jest utopią
Coś takiego nie istnieje
To teorie bez pokrycia
I dlatego tak się dzieje.

Weźmy dla przykładu Raj
To był idealny ogród
Co tam szukał taki szatan
Straszna bestia i szarlatan.

Ktoś go wpuścił do ogrodu
Skąd miał siłę skusić Ewę
Zasłaniając się dosłownie

Stanisław Pysek Prusiński

Prostym rajskim owocowym drzewem.

I zamiast pokonać szatana
Bóg wyrzucił z Raju ludzi
Tylko po co i dlaczego?
Żeby człowiek się utrudził.

Czy to aby sprawiedliwie
Można nazwać to banałem
W jakim celu takie akcje
I proszę widzimy reakcję.

Człowiek niszczy to co boskie dewastuje
Zło rozrasta się triumfuje
W jakim celu i dlaczego
Tak dążymy do dobrego
Ale nie widzimy złego.

Ludzkość ma wielkiego pecha
Człowiek ma być wielki modny
Ale zanim się urodził
Ma już grzech ten pierworodny.

Czas przemija i się zmienia
W ideałach i dążeniach
Skrajność pycha i obłuda
Nic nie mogą zdziałać cuda.

Gdzie ten idealny światek
Twarze zapłakanych matek
Ojców sinych od gorzały
Gdzie zasady się podziały?

I w tym całej sprawy sedno

Dużo tego

Ziemię mamy tylko jedną
Co nas żywi i ubiera
Narodziny i pogrzeby
Głodomorów cała zgraja
Zamiast iść z porządkiem świata
To robimy sobie jaja.

Ideały nie istnieją
Stąd się takie rzeczy dzieją
Dla przykładu choćby żona
Boską wodą poświęcona
Ma kochanka zdradza męża
I znowu szatan zwycięża.

Klasztor wielki a w klasztorze
Ściany oblepione złotem
Zlane krwią i ludzkim potem
I wydarte wiernym serca
Co tam robi taki szatan
Zło i bestia innowierca
Wchodzi w ludzi i zło budzi.

To bogactwo w domu bożym
Nikomu nic nie pomoże
Ideału szanse liche
Wzmaga chciwość i pychę.

A Bóg milczy i spogląda
Ktoś za niego tylko żąda
Ale tak przeważnie bywa
Bo to prawda bardzo krzywa.

Ideału zatem nie ma
Nie będzie i jest bez szansy

Może gdzieś tam w innym świecie
Gdzie nieznane są choroby
I do życia są zbyteczne
Upiększenia i ozdoby.

Zapomnieć to co się nie zdarzyło

Z rozmachem do przodu
Ze szczęściem i zgodą
Za chlebem i wodą
Z naturą przyrodą.

I ciągle od nowa
Trwa gra zespołowa
Przyszłości nie znana
Jak zorza świetlana.

Odzywa się echem
Ze zdwojoną siłą
Jak można zapomnieć
To czego nie było.

Nadzieje na przyszłość
Jak bańka mydlana
Rozmywa się dziwnie
Być może niechciana.

Obrazy zatarte
Nic nieraz nie warte
Z czasową przestrzenią
Zostały przeżarte.

Jak myśl niedościgła
I tezy jątrzące

Mijają z początkiem
I niechybnym końcem.

Popatrzcie jak wiele
Nam czasu ubyło
Czy warto pamiętać
To czego nie było.

Rozjaśniona noc

Noc głucha zapada
I ciemność nastawa
Zjawisko tak dziwne
Niczym ziemska zjawa.

Ptaszyna ucichła
Od codziennej udręki
Przestrzeżona ciemnością
Czując dziwne lęki.

Wtem na wielkim niebie
Księżyc się pojawia
I z cichym westchnieniem
Jasności objawia.

I światłem błękitnym
Oblewa wąwozy
Skrupulatnie wijąc
Promienne powrozy.

Wóz duży i wózek mały
I iskrzące gwiazdy
Tworzą drogę mleczną
Jak boskie pojazdy.

Napawane wdziękiem
I tym co nieznane
Otoczone świetlistym kolistym
Szkarłatnym wiankiem
By móc się spotkać niebawem
Z przepięknym porankiem.

Rzeka

Spiętrzone fale wodne żywioły
Zacietrzewiona walcząca woda
Zimą okrutnie lodem ściśnięta
Latem weselsza młodsza i śmielsza.

W mrocznych głębinach na dnie skalistym
Miliony stworów zmaga się z czasem
Wielkich i małych krwiożerczych bestii
Na wodnych polach żywych wypasem.

Wodo wspaniała i ciągle wieczna
Bywasz dla istot też niebezpieczna
Ot tak po prostu i bez przyczyny
Wciągasz bezprawnie swoje głębiny.

Rzeka tańcząca pełzające fale
W rytmie muzycznym nastrój kojarzy
Więc do widzenia mój czytelniku
Jutro spotkamy się na tej plaży.

Powietrze

Podziwiam i dziękuję ci drogie powietrze
Tak idealnie i może trochę skażone

Dużo tego

Bez ciebie życie nie istnieje
Jest z góry tak postanowione.

A kiedy zabraknie powietrza
Nie w oponie tylko w płucach
Co masz robić płakać śmiać się
Bluźnić krzyczeć skakać kucać.

Może pobiec do szpitala
Nocna pora nie najlepsza
Ale można tam nie dobiec
Po drodze zabraknie powietrza.

Można głowę w pióra schować
Albo pompką napompować
I przeczekać te boleści
Jak ktoś z oryginalnej powieści.

Ale można się też strudzić
I się nigdy nie obudzić
I zmienić swój byt tak bezpieczny
Na ten inny znaczy wieczny.

Drążąc te myśli odważne
Proszę wziąć to na poważnie
Więc natychmiast przestać tlić
Żeby można dłużej żyć.

Leśna awantura

W lesie państwowym wybuchła draka
Leśnik przypadkiem znalazł robaka
Bo ten go ugryzł a to nie wszystko
On nim z rozmachem cisnął w mrowisko.

Zrobił się problem wielka nagonka
Całe zdarzenie widziała stonka
Która doniosła do wojewody
Ten zaś natychmiast zebrał dowody.

Sprawą zajęli się ekolodzy
Zastrajkowali i moi drodzy
Z Runi zjechali się detektywi
I policjanci i to prawdziwi
Posłańcy zwisu i innych partii
To duży problem i wszystkich martwi.

Prokuratura zebrała wszystko
Wydała nakaz całe mrowisko
Przenieść natychmiast bo szkoda czasu
Do pobliskiego innego lasu.

A sąd Runijny wymierza karę
Spalić co dzikie małe i stare
Co nie zielone niewymiarowe
Pociąć na ćwiartki albo na połowę.

Chwasty wyrzucić piołun wypielić
Zwłoki robaka też wy...
Ziemię kropidłem trzeba wyświęcić
Pomnik zbudować tak dla pamięci
Zbudować drogi restaurację
Bo uzurpator ma zawsze rację.

Ogrodzić wszystko drutem kolczastym
I zmniejszyć pole wejścia ryzyka
Na wielkiej bramie wywiesić napis
To jest posiadłość ojca Rymika.

Dużo tego

A co z sołtysem to tłuste prosię
Dziś wyrok zapadł spalić na stosie
Ale to jutro bo dziś jest piątek
I skonfiskować cały majątek.

A leśniczemu w nagrodę za to
Coś mu sypnęli dopadł go zator
Za pochowanie żona wybuli
Niczyja wina że go otruli
Spojrzał na niebo i westchnął cicho
To przez robaka a niech to licho.

Nie pal mostów

Nie trzaskaj drzwiami i nie pal mostów
Zachowuj godność ot tak po prostu
Nie sadź się dziewczę czy stary chłopie
Życie jest krótkie jak na urlopie.

Jesteś pastorem może doktorem
A wiadomości masz całkiem spore
Zawsze pamiętaj nie jesteś lepszy
Znajdzie się taki kto ci dopieprzy.

I w jakim wieku to obojętnie
Ktoś cię zapyta odpowiedz chętnie
Proszę dziękuję często wymawiaj
To nie kosztuje i nie odmawiaj.

Nie gardź prostotą i serdecznością
Szanuj bliźniego obdarz miłością
Gdy coś się stanie na to nie zważaj
Za byle głupstwo się nie obrażaj.

Świński problem

Dużo trzeba przeżyć
By w końcu uwierzyć
I zrozumieć pewne rzeczy
Baran bity a nie beczy.

Świnia świnkę zjada
Czasem może tak wypada
Bo z winy rzeźnika
Bieda ją dotyka.

Zwykłe proste brednie
Dziwne przepowiednie
Straszenie szamanem
Wszystko poplątane.

Ktoś kogoś obdziera
W nogę but uwiera
Polityczne hipokryzje
Zaprzedane telewizje.

A na górze władza
Pycha ją rozsadza
Korupcją przeżarta
Ni diabła nie warta.

Zamieniono męstwo
Na krzywoprzysięstwo
Polityczne zgraje
Robią swoje jaje.

Mężatka

Zawsze piękna dumna matka
Jak ma wyglądać mężatka?
Zgorzkniała zła napuszona
Zmartwiona ciągle zmęczona.

Prosta rada żono matko
Skoro już jesteś mężatką
Więc się trzymaj w roztropności
Żyj i szanuj w rytm wolności.

Nie umawiaj się cichaczem
Kiedy męża nie ma w domu
Nie skub z portfelika kasy
Gdy już zasnął po kryjomu.

Nie przejmuj się zbytnio klęską
Musisz zawsze wyjść zwycięsko
Więc się przyjrzyj temu z bliska
Wykorzystaj rady Pyska.

Pamiętaj rankiem do domu nie wracaj
Na teściową nie przewracaj
O nic nikt cię nie ma pytać
Gdy wrócisz muszą cię przywitać.

Gdy w cieście spłodzisz zakalca
Czy może skaleczysz w palec
Gdy cię mąż połechtać nie chce
Może pastor rozgrzeszyć nie chce
Nie płacz nie lamentuj nad kładką
Głowa do góry mężatko.

Żeby mąż miał pożądanie
To co tydzień spuść mu lanie
Wybij z głowy piwo bary
Wymyślaj wciąż nowe kary.

Piękne oczy swoje maluj
Pudru na buźkę nie żałuj
Żeby zawsze była gładka
Tak powinna wyglądać mężatka.

Proszę cię nie narób długu
Twój teść ma chodzić w pługu
A teściowa matka żona
Nigdy ma nie być wkurzona.

Moja droga księżno matko
Żeby być dobrą mężatką
Musisz trzymać stronę teścia
Na flaszkę to po dwadzieścia.

Mąż ma dać więcej o dychę
Teściowa zmontować zagrychę
Teść ma przyprawić kotlety
Takie jest życie niestety.

Prawdziwe nie wymyślone

Nastała wiosna dumna radosna
Drzewa po zimie puszczają pąki
Trawka się cudnie zazieleniła
Na łące dziwne kosmate strąki.

Wymyślnych kwiatków bajkowe płatki
Z wielkim rozpędem pną się ku górze

Łaknąć powietrza wodnych kropelek
I otwierając szeroko buzię.

Wiosna teatrem przyroda widzem
Wielkie kurtyny dzielnie odsłania
Jest tak bogata prosta wyniosła
I z każdą chwilą ma coś do rozdania.

Prawdziwe słońce na falach nieba
Łukiem ogromne poczynia wstęgi
Właśnie specjalnie dla ziemi matki
Czyniąc tym łaskę i wielkie względy.

Pan Bóg natura prawdziwa matka
Ziemią urodną świat obdzieliła
Wymysłem boskim dziwną zagadką
W obliczu troska prawda i siła.

Agrest

Poznaliśmy się w agreście
Na plantacji w dużym mieście
Gdy ją ujrzałem pomyślałem
Spełniły się moje marzenia nareszcie.

Dowiedziałem się z resztą
Że miesiąc temu uciekła z aresztu
Ale to mi nie stoi na przeszkodzie
W wieczornym chłodzie
Ja i ona w agreście uwierzcie.

Na czas

Z której by nie spojrzeć strony

Na czas trzeba uważać bo jest szalony
Codziennie mierzymy się z czasem
W łóżku na ulicy pod lasem.

Pracujesz odpoczywasz on ciągle biegnie
Czasami to wkurza godzina minęła
A dzień taki krótki rano pobudka do pracy
Nie ma czasu odpocząć czy się napić wódki.

Czasu nie widać ani słychać
Czasu nie popsujesz ani nie zmienisz
Chyba że się ożenisz to wtedy ci zabraknie czasu
Ostrzegam zawczasu.

Mamy swoje lata

Nie martw się koleżanko i kolego
Zestarzałeś się i co z tego?
Tym bardziej korzystaj z życia
Może nawet we więzieniu w osamotnieniu
Ćwicz wolę i bicepsy staniesz się lepszy.

Do policji i stróżów prawa
Bardzo ważna sprawa
Nie łamcie zasad cywilizacji
Często nie macie racji
Nikt nie jest nieomylny
Nie zawsze się potrafi zachować
Małpa na fotografii.

Do styranego taty
Zestarzałeś się
Ale kup mamie kwiaty
I bądź wesoły taki jak przed laty.

Molestowanie

Molestowanie to choroba czy zachcianka
Zapytała Hanka chłopca Janka
Młoda panna od Radomia.

Janek myśli i główkuje
Co też panna kombinuje
Odrzekł Janek od Radomia
   Winna temu anatomia
   Ona tylko na to czeka
   Żeby wypaczyć człowieka
   I pochylić w inną stronę.

Hanka dziwnie się uśmiecha
I przeróżne miny stroi
Co na myśli miała Hanka
Piękna panna od Radomia
Może anatomia Janka
Czy ma rację Hanka?

Będę lepszy

Co on pieprzy
Prokurator walnął w biurko
A sędzina aż westchnęła
Adwokat schował się pod biurko
A policjant odpiął kaburę
Chwycił gana wystrzelił
I zrobił w suficie dziurę.

Oskarżyciel posiłkowy
Aż ze strachu się posikał

Wnet się wszyscy ogarnęli
Znów okryli się żółtaczką
Jakieś dziesięć minut temu
Złodziej uciekł ze sprzątaczką.

Mina

Mina pana dziwna z rana
Pani roznegliżowana
Coś tam mruczy i się wstrząsa
Bardzo się na pana dąsa.

Bo pan wrócił lecz bez wąsa
Robił w knajpie dziwne pląsy
Przypadkowo się zagapił
I utracił bujne wąsy
Przez te właśnie głupie wąsy
Pani stroi dziwne dąsy.

Projektować życie

Zaprojektował życie
Właśnie dziś o świcie
Zjadł jogurta wypił kawę
I osunął się pod ławę.

Do południa smacznie drzemał
Choć w rozkładzie dnia tego nie miał
Zjadł indyka na obiadek
Teraz znowu będzie spadek.

Bo obiecał swojej żonie
Że nie będzie się z nią pieklił
Przespać się tak do wieczora

To każdemu będzie lepiej.

A kolacja jest przy świecach
Nagle co to zgasła świeca
I to właśnie świeca jego
Cóż odjechał w dal o świcie
Bez projektu na dalsze życie.

Wycieczka w góry

Co wziąć na wycieczkę w góry?
Iść z rodziną czy samotnie
Za wysoko się nie wspinać
Nie palić i nie przeklinać.

W górach łatwo o wypadek
Ubezpiecz się na wypadek
Najlepiej we cztery strony
Żeby było coś dla żony.

Wykluczone po kielichu
I gdy się czujesz licho
Przestać iść gdy zacznie boleć
Bo można się z góry sp..

Rasowy pies

Psa posiadać trzeba mieć kasę
I sumienie ma być czyste
Pies ma spełniać też warunki
To jest takie oczywiste.

Jak mieć psa to rasowego
Obojętnie jakiej maści

Taki co się umie łasić
I choć chory się nie kwasi.

Nie szczeka głupio na sąsiadkę
Przypadkowo ugryzł babkę
Musi chodzić i na palcach
A jak trzeba tańczyć walca.

On obronić ma chałupę
Sam sobie wyciera pupę
Pana bierze na spacery
Chwali dobrą pani zupę.

I najbardziej jest bezpieczny
Gdy oczy ma również zielone
Pies bez powodu nie liże
Policjanta nie pogryzie.

Kto napadnie na chałupę
Może stracić głowę pupę
Jak się trafi pies rasowy
Niepotrzebne są kamery
Kupisz to nie pożałujesz
I odejdą ci afery.

Co robić w poście

Co robić w poście jak przyjdą goście
Trzeba ich jakoś dobrze ugościć
Zaparzyć kawę dać chlebek suchy
Posprzątać czysto i wytruć muchy.

A mięsa nie dać bo tak przy poście
Zareagują jak na to goście

Dużo tego

Bowiem i w poście nie każdy pości
Kiełbasy nie ma i nie ma gości.

A wódki nie ma to jeszcze gorzej
Teraz to już nic ci nie pomoże
I sam zostajesz z braku miłości
Nie poskutkuje wiersz o radości
Utracisz wszystkich wspaniałych gości.

Jak zachować się na plaży
Zachować się na plaży trzeba umieć
Godnie modnie i bezpiecznie
Nie rozpychać się rękoma
I nie dmuchać niebezpiecznie.

Czuć się swobodnie i nie wiercić
Nie pozwalać bardzo sterczeć
Bo to głupio i nieswojo
I kobiety też się boją.

Trzeba więc zakładać buty
Bo stopy można poparzyć
Kremem też dużo smarować
Żeby ciała nie usmażyć.

Za bardzo wódką nie kropić
Bo można się nawet utopić
Ktoś na ciało się zagapił
To się przy tym wody napił.

A dla dziewczyn dobra rada
Zdejmować majtek nie wypada
Bo przypłacić można cnotą

I do domu iść piechotą.

Słabości

Słabość biorąc w pewnym względzie
Nic się nie martw jakoś będzie
Nie obrażaj się nie rzucaj
I nadziei nie porzucaj.

Gdy choroba ci doskwiera
Może czasem but uwiera
Jesteś słaby łykasz proszki
Miej nadzieję w górę noski
Pierś do przodu biustonosze
Wyżej proszę.

Choć wiatr hula i zawieja
Będzie lepiej i nadzieja
Towarzyszy w tej rozterce
Wnet opuszczą nas słabości
I szybko nastąpią radości.

Kup mi domek

 Błagam cię milionerze
 Kup mi mały domek pod lasem
 Chcę mieć kwiatki w ogródku
 Kurkę świnkę i indyka
Prosiła już podstarzała
Narzeczona polityka.

Czy spełnić koniecznie marzenia
Narzeczonej leśnej czarownicy
Można by było to zrobić

Dużo tego

Polityk się z kasą nie liczy.

Serce ściska na płacz zbiera
Pot ścieka bruzdą po twarzy
Czy kiedyś to o czym marzy
Czarownicy się przydarzy?

Samochodzik i wiewiórka

A co mi tam pomyślała wiewiórka dzika
I wskoczyła do czerwonego samochodzika
Sroka zerknęła spod oka kogut się zburzył
Indyk bardzo się zachmurzył.

Wrona zatrzepotała skrzydłami
    Co tu mamy jakaś miarka
    Orzeszki pozostawione przez Darka
Jak się teraz wiewiórka zachowa
O tym dalej będzie mowa.

Zmęczony pisarz

Pisarz się bardzo utrudził
I nic nie napisał
Zmęczony opadł na fotel
I potwornie dyszał.

Nie poprzestał jednak i rozpoczął mękę
Tak dobierał słowa
Pogryzł zatem wszystkie pióra
I pisał od nowa.

W duszy wielki niepokój
W głowie czuje zamęt

I stała się rzecz straszna
On wypił atrament.

I nagle coś go olśniło
Coś takiego o zgrozo
Uciekł w las z kozą.

Mistrz w leżeniu

Pierwsze miejsce trofeum najwyższe
Nareszcie w lenistwie jest mistrzem.

A dlaczego i po co się męczyć
W bieganiu czy bokserskim ringu
W leżeniu nikt nigdy nie pomyślał o dopingu
Zgarnął wszystkie nagrody puchary
I zrobił się stary.

Lecz się nagle zaczął bać
Chce się ruszyć pragnie wstać
Czy leżenie się opłaci
Co zatem z tego wynika?
Zapytajmy polityka.

Straszenie diabłem

Proszę mnie nie straszyć złem
Dużo przeszłam wiele wiem
Z mężem miałam ciągłe piekło
Jemu wszystko się upiekło
Bo był sędzią straszną mendą.

On mnie skazał zabrał dzieci
Jestem stara proszę pana

Pełna gorzkiej nienawiści
I nie boję się szatana
Dym piekielny mi nie obcy
Rzekła dama do dusz łowcy
Na ulicy do pana w czarnej spódnicy.

Życie się kręci

Nikt nie wie w którą stronę kręci się życie
Do przodu do góry ze wskazówkami zegara
A co będzie jutro lepiej nie wiedzieć
Co zatem zrobić jak się dowiedzieć
I gdzie uderzyć by przyszłość zmierzyć.

Na rozmyślanie brakuje czasu
Więc na wycieczkę hajda do lasu
Bułeczkę świeżą posmaruj Ramą
A życie będzie kręcić się samo.

Idealne piekło

Piekła nie ma i nie będzie
Sami sobie je stwarzamy
Problem w tym jest skąd wyciekło
Ktoś chce ziemię zmieniać w piekło.

Piekło żyje samo w sobie
Siedzi we mnie może w tobie
Ktoś kto bluźni czy złorzeczy
Raz jest zgodny raz zaprzeczy.

Ten zabija co się boi
Wiadomo kto za tym stoi
Złe się wytwarzają chęci

Głupota zaniki pamięci.

Diabeł żyje w wyobraźni
I istnieje w samym sobie
Coś go stworzył to się męcz
Wolna wola przy nim klęcz
I czasami panie pośle
On ci jakąś wiązkę pośle.

Wnuczka i mały piesek

Chce mieć psa kochana wnuczka
Ale za co skąd go wziąć
Bo dziś trudno o sponsora
Pieska nie ma wnuczka chora.

A na czasie pies jest modny
A najlepiej jak rasowy
Zakłócony został przez to
Pokój rodzinny domowy.

Synek płacze córka łka
Któż na pieska kasę da
Kasę dała nasza babcia
Dziadek z pieskiem biega w kapciach.

I do torby zbiera kupy
Przypiął sobie bat do pupy
Cóż ma robić jak krzyż boli?
Nie chce babcia przyfasoli.

To się stało właśnie w marcu
Babcia z dziadkiem w domu starców
Piesek został biedny w domu

Łzy ociera po kryjomu.

Idol

Idolem nie można zostać zwyczajnie
Ot tak po prostu
To nie to co skoczyć z mostu
Trzeba skoczyć lecz do góry.

Wymalują i poprawią
Głos poprawią i kondycję
Jak trzeba muzykę podstawią
Dadzą nowe propozycje.

Puszczą coś tam z rokenrola
I stworzyliśmy idola
Taki idol polityczny
Jest bezwzględny i cyniczny.

Nowe prawa i układy
Manifesty i parady
Strach pomyśleć ja pindolę
Co wyrabiają idole.

Obciach

Co można nazwać obciachem
Zachowanie zgoła inne
Może jest to genetyczne
Albo co najmniej rodzinne.

Można się ubrać niemodnie
Założyć odwrotnie spodnie
Pomalować tylko jedno oko

Zamiast klęknąć paść na czoło.

Można biegać z pupą gołą
I w kożuchu się opalać
Przypadkiem wystraszyć krowy
I mamy obciach gotowy.

Ekstremalny przekręt

Ekstremalny niebezpieczny film
Nagrano w Hollywoodzie
Gość przypadkiem zjechał z dachu
Można tu myśleć o cudzie
Trochę tylko czoło nabił
Lecz miał szczęście i się nie zabił.

Dziś musi walczyć z potworem
A to wiąże się z horrorem
Jutro ma poderwać laskę
Ale może wpaść w niełaskę.

Aż na płacz się chłopcu zbiera
Bo to córka reżysera
Tak się mocno przy tym zbiesił
Ekstremalnie się powiesił.

I ulotnił się wraz z chmurką
Ale co się stało z córką
I mamy zadanie nowe
Reżyser zachodzi w głowę.

Zgorzkniała księżna

Pan się wściekł zgorzkniała księżna

Dużo tego

A to wszystko wina taczki
Którą całkiem przypadkowo
Pozostawiły sprzątaczki.

Pan na bani szedł do dworu
Trochę łyknął dla humoru
Napotkał po drodze taczkę
Tak bardzo się zdenerwował
Więc pobiegł ochrzanić sprzątaczkę.

A stało się to w budce przy bramie
Nieszczęsna bo w samej piżamie
Tak zadziwiła pana
Że już pozostał do rana.

Lecz później się wszystko wydało
A pan tak przepadł z kretesem
Wiadomo że księżna nie głupia
I powiązała to z seksem.

Wstyd taki sprzątaczka zamężna
Nadęta zgorzkniała księżna
Nad panem zawisła chmura
Jak ozonowa dziura.

Przepraszam

Nic to mnie nie obchodzi
On przepraszał w sądzie wszystkich za wszystko
Niestety nic nie pomogło
Stracił dom pracę samolot lotnisko.

Ale nic złego nie zrobił
Nigdy przedtem nikogo nie skrzywdził

Nie ugryzł nawet psa nie pobił
Sędzia tak bardzo wrzeszczał
Prawie że krzykiem go dobił.

Sprawa tak bardzo głośna
Na cztery świata strony
Przypadek dotąd niezwykły
I nie udowodniony
Po prostu ten pan był zezowaty
I z kimś tam pomylony.

Przyznał się zatem do winy
Nie wróci już do chaty
A dlatego będzie siedział
Bo jest zezowaty.

I wszystko zeszło na złe tory
Poszło inną drogą
W więzieniu się zastanowi za co siedzi
Dlaczego i za kogo?

Idealna złość

Idealna złość miała już dość
Chcę być normalna
Złościć czasami i wiedzieć za co
Bo za złość płacą.

Za byle co się złościć
Przeczyć radości o każdej porze
W sklepie w ogródku
W zimie na dworze
I czuć się swobodnie nie tak nachalnie
I czasem pośmiać się idealnie.

Klątwa

Wiadomo że koń jest silniejszy od ciebie
Jak przysłowie mówi stare
Za konia będziesz pracował
Jak nie potrafisz za siebie.

Jak konia skierowano
Za karę
Do ciągnięcia pługa
To jest sprawa bardzo długa.

A koń ciągnie pług i dlaczego?
Bo kiedyś zadrwił ze słabego
Zatem skrócę i wyrzucę
To nic że konia zasmucę
Więc do klątwy teraz wrócę.

Zatem klątwa zadziałała
Za to że ów koń urągnął
To do końca swego życia
Ciężkie wozy będzie ciągnął.

I nie będzie się już śmiał
A po koniowemu rżał
Na leżąco i stojąco
Na deszczu wietrze i słońcu.

Walenty i talenty

Pan Walenty miał talenty
Szybko biegał lubił spanie
Czasem nie jadł i nie płakał

Tylko grał na fortepianie.

Był pianistą od maleńka
Sprawa była bardzo cienka
Gdy Walenty się obudził
I to rano bardzo wcześnie
To bardzo się rozczarował
Bo pianistą to był we śnie.

I skończyła się kariera
Tak zapłakał stary sknera
Ale do snu się nie wraca
Chłód na dworze ciężka praca.

Wymiana opon mózgowych

O pomyłki dziś nie trudno
Lecz niestety się zdarzają
Pewien hrabia polityczny
Było to w miesiącu maju
Jeździł szybko jak szalony
Pomyślał zmienię opony.

Do wieczora w biurze siedział
Rankiem prysznic wziął na głowę
I pomyślał dziś wymienię
Te stare na całkiem nowe.

Pomysł bardzo był szalony
Zadziałało to na głowę
Wymieniono mu niebawem
Ale opony mózgowe.

Że nie myśli człek bogaty

Dużo tego

To o tym wszystkim wiadomo
O tym co się wydarzyło
Poinformowano go w domu.

Teraz życie się zmieniło
Często wbiega na mównicę
Kontroluje okolicę
Czasem też zasiada w sejmie
Uśmiechając się uprzejmie.

Mata koniec świata

Gdy koń się nie zlęknie bata
To nastąpi koniec świata
Pan bliźniemu naubliży
I za dobroć go poniży

Planeta się aż zakolebie
Będą strzelali do siebie
Wybuchnie tak wielki zamęt
Wykupią w sklepach atrament.

Zabronione będą lustra
Już się nigdy nie zobaczysz
I otaśmowane usta
A nie będzie ci do śmiechu
Przypiszą ci dużo grzechów
Obrabują cię pociecho
Głodny chłodny poniżany
Będziesz biegał zasmarkany.

I wakacje mamy z głowy
Wtedy jesteś ich rządowy
Przeznaczony do rozbiórki

I wyparty przed podpórki.

Chociaż co niektórzy wątpią
Że te czasy nie nastąpią
Ale trzeba już uważać
Żeby siebie nie narażać.

Nie gotować jaj na twardo
Zwracać się miło do siebie nie z pogardą
To być może ten stan rzeczy się nie przedłuży
Być może będzie ale nieduży.

Wpatrzeni w siebie

Tak to się ma to moje ja
Nie decyduje o mnie całkowicie
Wpleciony w życie zniewolony czasem
               Tymczasem
Na skraju lasu płonie ognisko
Syn suchego drwa naściągał
Ojciec ciął aż się narąbał
Do spółki z synem tylko troszeczkę
A tak naprawdę to wypili beczkę.

A matka żona wpatrzona w ognia płomienie
A te cienie koło siebie mówią za siebie
I te zwyczajne ranne leczenie kaca
To nieustannie trwająca praca.

Wpatrzeni w siebie że się tak wyrażę
Wspaniali rolnicy i gospodarze
Na jednym garnku i tej samej łyżce
Nie marzą o podwyżce
Tygodniówki o suchym chlebie

Czy to nie mówi za siebie.

Materac

Nie narzeka i nie płacze
Choć jest tylko materacem
Czasem ciężko i to w nocy
Ktoś się złości czasem poci
Ja to znoszę i wybaczę
Jestem tylko materacem.

Ale nie wszystko stracone
Ktoś poślubił młodą żonę
Ugniatają się wzajemnie
Wtedy bardzo jest przyjemnie.

Miałem również kilka wpadek
Wczoraj odszedł pewien dziadek
Całe życie kombinował
I gotówkę we mnie schował.

I zostałem tak zgubiony
Pusty i bardzo bogaty
I okryty samotny na noc
Dobranoc.

Wojsko

Powołano go do wojska
Siedzi w kącie głośno dyszy
Co się stało co się dzieje?
Teraz czego się dowiemy
On w ogóle nic nie słyszy
Bo jest całkiem głuchoniemy.

Kto do sprawy się przyczynił
To granice są absurdu
I skąd taki dziwny przydział
Ten co wcielił go do armii
Jeszcze gorzej on nie widział
Miał zasługi i dyplomy
Lecz był całkiem niewidomy.

Leśniczy i komornik

Pan leśniczy popadł w długi
Oznajmiły to papugi
Wszystko jednak ma swój czas
Pan komornik zajął las.

Więc policzył wszystkie drzewa
Grzyby krzaki co pamięta
Lecz na spłatę nie wystarcza
Trzeba policzyć zwierzęta.

Lwy i konie wilki sarny
To zadanie go przerosło
Nic już nie miał do stracenia
Nie dał rady umarł wiosną.

Kto następny

Pewien sędzia stara zrzęda
Przypadkowo sądził pastora
Cztery lata i dlatego
Pastor rozgrzeszył umarłego.

Bo umarły skończył w szafie

Wytłumaczyć nie potrafię
A to był sędziego teściu
I przed zięciem miał udawać
Nie zdążył się wyspowiadać.

I za grzechy nie żałował
Rozgrzeszenie ale z czego
Dziwny wyrok i posępny
Kto następny?

Wycofana z obiegu

Głupi pomysł a dlaczego
Wycofano krew z obiegu
Co niektórych już telepie
Krwi nie możesz nabyć w sklepie.

Już nie można tak popuścić
Jeszcze mogą ci upuścić
Powoli spokojnie pomału
Doprowadzą do zawału.

Co tam krzyczeć protestować
Trzeba to eliminować
Koniec handlu krewną cieczą
Niech tam sobie gdzieś złorzeczą
Niech strajkują i się bronią
Straszą atomem i bronią.

Jest ustawa prosta sprawa
Wszystkich weźmie się pod lupę
Niewygodnym krwi upuści
Ociężałym skopie d...

Do rządzenia to jest rząd
Spadam stąd bo nie wytrzymam
Próżno staram się nadymam bo krew stracę
I się nigdy nie wypłacę.

Zrozumiał to lew zawczasu
I sp... rychło w czas z kozą w las.

Zabrakło kata

Miłość zniknęła zabrakło kata
Trwało to prawie przez cztery lata
Rośnie niezgoda jakieś potwory
Rozochociły się te bachory.

Straszne głupie i tłuste w d...
Siedzą i radzą nie wiedząc o czym
Plują jazgoczą i mydlą oczy
Trzeba już skończyć czas nienawiści
Powołać kata ostrzyć siekiery
Uciąć łeb hydrze nim miłość wydrze.

Speckomisja

Nie przypadkiem dziś na sali
Pracownicy się spotkali
Ci z lewicy i z prawicy
Sędziowie i politycy.

Zapełnione wszystkie ławki
Rozpatrują dziś poprawki
I reformy ustalają
Tumult krzyki spory swary.

Dużo tego

Wrzeszczy młody stary buczy
Ktoś tam się wierci i źle wyraża
Tak się dzieje a to dlatego
Bo zabrakło gospodarza.

Nagle brzydko zapachniało
Mówię to z powagą całą
Ktoś niechcący się poślizgnął
Puścił potężnego bąka
Aż marszałek głośno gwizdnął.

I czujniki alarmowe
Wszystkie nagle się włączyły
Zaczęło kapać na głowy
Syreny głośno zawyły.

Alarm już nad samym ranem
Obrady zostały przerwane
Prezes przejął dowodzenie
Wszczęto śledztwo jest komisja
Ten ów popuścił w spodnie
Teraz czeka go dymisja.

Na stojąco wszyscy z ławek
Przyjęli aż sześć poprawek
Krótkich takich od niechcenia
Zaniechać zbędnego pierdzenia
Następna poprawka wietrzenie sali
Na spoczynek się udali.

Skąpani w westchnieniach

Nieprzemijalna miłości fala
Tak różnorodna i nie ta sama

W różnych się fazach życia przejawia
Dużo refleksji radości sprawia.

Miłości wielkiej zatarte ślady
I zakochania zaloty zdrady
A te w westchnieniach do płci odmiennej
Są pożyteczne i tak przyjemne.

Skąpani w słońcu i przyrzeczeniach
Na fali życia miłych wspomnieniach
Jak na odległej nieznanej dali
Starzy i młodzi wielcy i mali.

A gdzieś tam

Gdzieś tam wysoko na błękicie nieba
Myśli zdążają w przestrzeni czasu
Jest tylko pustka pełna powietrza
Nie widać rzeki jeziora lasu.

Jest jakoś dziwnie nie do przyjęcia
Kłębiaste chmury dziwne pęknięcia
Więc lepiej siedzieć spokojnie z bliska
I czytać wiersze pisarza Pyska.

Otworzyć oczy

To nie jest tak że otwierasz oczy
Oczy otwierają się same
Kierowane zdalnie i oryginalnie na polecenie
Kogoś nieznanego tchnieniem.

By to doświadczyć więc trzeba się położyć
Oczy zamknąć i nie otworzyć

A na liczniku sto dwadzieścia mili
I co po chwili.

Wysnute z rękawa

Być może ale nigdy za pokutę
Pewne sprawy z rękawa wysnute
Wyrzucone od niechcenia i kopnięte butem
Wyglądają niepoważnie jak walka z mamutem.

Czasem tak patrząc z boku cóż z tego wynika
Jak bardzo susza szkodzi dla rolnika
Co się stanie gdy się kolarza pozbawi roweru
Gdy o jeden nabój za dużo włoży do rewolweru.

Pokąsany przez diabła

Zdarzenie to niesłychane
Odbyło się nad samym ranem
Opowiada stary Paweł
Że go w nocy ugryzł diabeł.

To wygląda na przestrogę
Ugryzł Pawła w lewą nogę
I zostawił czarne ślady
Zamalować nie da rady.

Co tu robić myśli Paweł?
Chyba w wódce siedział diabeł
Wczoraj Paweł dużo popił
O mało się nie utopił.

Może tu pomoże żona
Taka mądra ułożona

Często chodzi do kościoła
Pomóż żono Paweł woła.

Biedny Paweł dziś styrany
Przyłóż żono coś do rany
Powiedz jakieś dobre słowo
Paweł kręci się nerwowo
Bo żona była niemową.

Nagle coś za oknem trzasło
Błysnęło się zgasło światło
Patrzy żona patrzy Paweł
Na parapecie pojawił się diabeł.

Wtedy żona przemówiła
W diabła wazonem rzuciła
Z groźną chrześcijańską miną
Że diabeł wypadł z futryną.

Biedny Paweł pogryziony
Ułożył wierszyk dla żony
Modli się choć kac go pali
A żeby to diabli nadali.

Ale źle się nie skończyło
Żona odzyskała mowę
Paweł wyrzekł się gorzałki
I zaczęli życie nowe.

Przez to głupie pogryzienie
Być może osiągną zbawienie
Czasem przyjrzyj się i d...
Gdy masz czasem myśli głupie.

Małe i duże sprawy

Małe sprawy duże sprawy
Tańce hulanki zabawy
Trzeba zatem dobrze pożyć
A może starości dożyć.

Ale najlepiej jest i fajnie
Prowadzić życie zwyczajne
Nie udawać a pracować
Żeby czasu nie marnować.

Zgodnie z rytuałem życia
Nie kłamać unikać kicia
Zdobyć zaufanie ludzi
Z radością ze świtem się budzić.

Małe sprawy sprawy duże
Nie sprzeciwiaj się naturze
Tak powiadał dziarski kogut
Pożyteczny każdej kurze.

Prawdziwie żyć

Kto ci każe rób co chcesz
Nie dokładaj tylko bierz
Rządź się tylko myślą własną
Rozpychaj się gdy ci jest ciasno.

Nie oglądaj się na boki
Tak do przodu i bez zwłoki
Nie przejadaj się mój drogi
Nigdy nie zawracaj z drogi.

Można dodać i coś jeszcze
Nie upijaj się na mieście
Może lepiej po kryjomu
Wypić wino w swoim domu.

Niechaj żyje prohibicja
Do kościoła chodzi co dzień
Kto to mówi
To dobrodziej.

Odnaleziona prawda

Dlaczego ukrywana jest prawda?
Czytelniku i przyjacielu
Żeby jej szukać trzeba się namęczyć
Można dużo przy tym stracić
Czasami życiem przypłacić
Czy się opłaci szukać prawdy
Doprawdy?

Kłopoty

W małżeństwie kolejna wpadka
To babcia obwinia dziadka
Dość ma już takiego życia
Myśli posłać go do kicia.

Dziadek gościu już nie młody
W życiu polał tyle wody
Ale setka mu stuknęła
W końcu babcia się kapnęła.

Nie prowadzi samochodu
Do pieca nasypał lodu

Dużo tego

Jeszcze gorzej nic do przodu
To jest powód do rozwodu.

Chociaż babcia słabo słyszy
Biust jej na włoseczku wisi
Zwykłej myszy też się brzydzi
I troszeczkę słabo widzi.

Na wsi aż huczy od plotek
Dziadek sprzedał kołowrotek
Babcia już nie robi przędzy
I wszystko zmierza do nędzy.

Sołtys rzecze co u kata
   Rozwodzić się na stare lata
   Ale coś się ciągle psuje
   Do obojga nie pasuje.

Pastor w kościele smutny siedzi
Wezwał dziadka do spowiedzi
Coś się jemu rypło w głowie
Więc go wzięło pogotowie.

Kto jest zatem temu winny
Trzeba zerwać ślub cywilny
Unieważnić i kościelny
Zamiar głupi i bezczelny.

Więc rodzinka się zebrała
Aby sprawę załagodzić
Dzieci córki i prawnuczki
Dwie kotki i cztery suczki.

Dziadek siedzi na komodzie

A babuleńka naprzeciwko
Trzeba teraz się przeprosić
I wypić zwarzone piwko.

Raptem ktoś się z nieba zajął
Pomógł w pogodzeniu anioł
I postawił dla zachęty
Butelkę a w niej procenty.

Dziadek polał babcia łykła
Może sprawa się rozwikła
A następnie wypił dziadek
I zerknął na babci zadek.

Babcia dziwnie się machnęła
I na starca usunęła
I oboje w jednej chwili
Na dywan się przewrócili.

Nagle młodość im wróciła
A wraz z nią ogromna siła
I miłość w nich napęczniała
I skończona sprawa cała.

I od teraz nastał pokój
Wspólne łoże znika niepokój
A radują się ich dusze
Wielka szkoda kończyć muszę.

Przestroga

Nie skaczcie aż tak wysoko
Czasy mamy teraz w zwisie
To możemy zwichnąć buzię

Dużo tego

Proszę jednak się nie martwić
Pozostańmy tak na luzie.

Pięknie podano na tacy
Poklepał go lud po glacy
Rozpanoszył się więc hrabia
I proszę co teraz wyrabia
Tak się wyniósł w górę wujek
Że postawił wszystkim dwóję.

W całej klasie aż zawrzało
Co się więc kaczuszce stało?
Głosi jakieś głupie brednie
W niedzielę i dni powszednie.

W telewizji ten ma brata
Też łysego z nożem lata
Bardzo często nawalony
Również mocno pomylony.

Wujo twierdzi to gagatki
Wszystkiemu tu winne są matki
Córki żony i dziewczyny
To tej zadymy przyczyny.

Że strajkują i się głodzą
Palą piją mało rodzą
I niewielka z nich pociecha
Wujo tak jęzorem szprecha.

Chciałoby się mieć zyski w zwisie
I dobrobyt tłuste pyski
Zabrać matce i podzielić
Mleko zaraz od kołyski.

Bo naprawdę to nie nada
By bogacz biednego okradał
A zwyczajny chłopiec Kajtek
Chodził boso i bez majtek.

Panie w czerni

Piękne panie polskie damy
Ale wygibasy mamy
Coraz nowsze panoramy
Popatrzcie co robią chamy
Oderwali się od sochy
I próbują robić fochy.

Coś takiego nie do wiary
Fotel zajął frajer stary
Dzielić kobiety na połowy
Decydować o ich ciele
Tego to już chyba za wiele.

My kobiety się nie damy
W tyle mamy waszą łaskę
Róbcie tak dalej gamonie
To będziecie walić laskę
A zamrożone plemniki
Wyślecie gdzieś na Alaskę.

Prowadź nas

Wzbogaceni o silną wiarę
Stajemy się bardziej mocniejsi
Pokonujemy trudności
Będziemy wytrwalsi i więksi.

Rozstania w poszukiwaniu chleba
Upadki emigracje
I niepotrzebne kłótnie
O bezsensowne racje.

Powroty i przebaczenia
To stwarza zwyczajne życie
We dwoje dniem i nocą
Przeżyjecie uwierzycie.

Gra o czas

Nasz byt jest grą na czas
Poranek wczesny południe
I letni skwar zimowy chłód
Szum wiatru szmery wód.

Rodzinny dom opuścić trzeba
I udać się na tułaczkę
Rozstajnych dróg opuchniętych nóg
Widzący wszystko Bóg.

Nowe nadzieje gdzieś na obczyźnie
Utrudzeni zlani potem
I nowy start zerowy prom
Porannej rosy szron.

To nie życiowa jest pomyłka
Że taka zmiana zaszła
To losu rola i kontrola
I nowa era naszła.

Róża

Widok przepiękny róża czerwona
Jak piękna nimfa zaszyła się w łąkę
Przerosła wszystkie zielone trawki
Chwalebnym modnym dorodnym pąkiem.

Z nadejściem dzionka wiatru szelestem
Machając błogo drobnym gestem
Pochyla wielkie czerwone pąki
I miłym ukłonem chyli do łąki.

Zielonej trawy widok ciekawy
Twardo wrośnięte żyłki krzaczaste
I przerośnięte tu i ówdzie dzikim
Ostrym niemrawym pożółkłym chwastem.

Czy aby róża smukła i duża
Oddycha równo z trawy szelestem
I obudzona śpiewem ptaszyny
Wpisana w zieleń zroszona deszczem
Proszę popatrzeć żyję bo jestem.

Dzień jak każdy

Dzień rozpoczyna wstający poranek
Południe i nocne ciemności
Pogmatwane sprawy dążenia i plany
Marzenia i niespełnione miłości.

To za dnia poznałeś wspaniałą dziewczynę
Zakochałeś się czy złamałeś rękę
Trafiłeś szóstkę w lotka
Zostałeś trafiony w szczękę.

Dużo tego

W dzień biegasz dokądś spełniając uczynki
Pomalowałaś usta i nie zabrakło szminki
Przypaliłeś zupę i lodówka pusta
Chcesz zmienić samochód ale kasa pusta.

Nie każdy być może panem
Czerpać zyski z tacy
Wylali cię dziś z pracy dostałeś zawiasy
I tydzień się skończył nastała sobota
Więc wracasz do domu
 Zmęczony trzymając się płota.

Przekroczyłeś próg domu
Ujrzałeś teściową
I dalej nic nie pamiętasz
Zawadziłeś o nierówne progi
W niedzielę trzeba świętować
A insurance drogi.

Reklama otręby

Mocni jak dęby uśmiane gęby
A to przez żytnie zwykłe otręby
Zbożowe kłosy i małe ziarnka
Rozlanym mlekiem litrowa miarka.

Rano pobudka hajda na pole
W uszach słuchawki tnie rokenrolem
Pierwsze śniadanko tylko otręby
Mlaskając głośno wrzucasz do gęby.

Tylko z umiarem jedz śmiem twierdzić
Może się wyrwać i trochę śmierdzieć

Ale nie przejmuj się tym przeciekiem
Zabieraj wędki biegnij nad rzekę.

Musi się udać na pewno chyba
Trafi się rekin lub większa ryba
Rzucasz to mięsko na węgle tlące
Wypluwaj jednak ości kolące.

A i popitkę też masz już z głowy
Przyrządzasz własny płyn otrębowy
I nie masz nigdy kłopotów z pytą
Kup więc hektary i zasiej żyto.

Tak bo w otrębach jest dużo chleba
To jest to właśnie co ci potrzeba
Więc na otrębach żytnich czy pszennych
Każde życzenie musi się spełnić.

Polityka

Z prawa na lewo z lewa na prawo
Czy to wspólnego ma coś z zabawą
To polityka warta osądu
Pełna bezprawia często nierządu.

Dziś w polityce to można wszystko
Zniknął gdzieś honor to stanowisko
Zmienia człowieka w zwykłego szuję
Sumieniem prawdą ktoś tam handluje.

Włączysz i słuchasz widzisz i czujesz
Jak można w oczy patrzeć i kłamać
Słuchając często tych wypowiedzi
To można zgłupieć i się załamać.

Strasznie się dziwię po co to wszystko?
Wykorzystując swoje stanowisko
Jak można zmyślać uprawiać draństwo
Szerzyć ciemnotę i oszukaństwo.

Panie panowie najnormalniejsi
Przestańcie słuchać to szkoda czasu
Zamiast oglądać i słuchać bredni
To na wycieczkę wybrać się do lasu.

Targany przez wiatr

Przemijanie zapisane w dużej księdze pamięć
Składane po malutkich kawałkach zdarzenia
Rzeczywistość złożona we wielkiej skrzyni
Zwana życiem z serca biciem.

Małej istotki niemrawej bezbronnej
O uśmiechu niewinnym tak słodkim
I tak zaczyna się walka raczkującego malucha
I pilnującego go matki Anioła Stróża
Trzymającego malucha za ręce
Cóż można oczekiwać więcej?

Targani na różne strony przez sprawy małe i duże
Wiatr zimno i słotę dojrzewamy i z przemijaniem
Odchodzimy z zapisem w swojej własnej księdze
Jak długo jesteśmy mieszkańcami tej ziemi
To na pewno tak będzie.

Gdzie jesteś Polsko?

Wydaje się że to takie proste

Stanisław Pysek Prusiński

Ot tak sobie wyjechać nie wrócić
Zapomnieć o wszystkim zostawić rodzinę
Co było a nie jest wyrzucić.

Niełatwo jest żyć na tej ziemi Kolumba
Być może wyśnionym kobiercu
Przysłania ta myśl że została kraina
I Polska została nam w sercu.

Hej lasy szumiące i łąki zielone
Od Tatr do Bałtyku sięgając
I słońce co rankiem oświetla
Swym blaskiem wzorzystym
Kryjówkę gdzie ukrył się zając.

Czy ktoś nam te straty wyrówna
A łzy się same cisną na oczy
Wspomnienia z dalekiej ukochanej ojczyzny
I marzeń odległych przezroczy.

Być może tak kiedyś z niezwykłej przyczyny
Połączą się wkrótce odległe krainy
I zniknie ocean i przestrzeń na przełaj
Marzenia odległe a może tak bliskie
I staną się tak oczywiste.

Więc moi kochani noseczki do góry
Kłopoty do kosza wyrzucić
Nie jest tak źle na tej ziemi przybranej
Do Polski we śnie można wrócić.

Trzymając się za ręce

Otwierasz oczy niebieskie Teresko

Dużo tego

A poranna godzina tak wczesna
Dziś dzień wyjątkowy
Trzydziesta piąta rocznica naszego ślubu
Pamiętny dzień dwudziestego szóstego września.

To było w sobotę pamiętam jak dzisiaj
Te chwile na ślubnym kobiercu
I obraz tej pięknej uroczej dziewczyny
Pozostał na zawsze w mym sercu.

Tak z czasem i wiatrem pod prąd z biegiem rzeki
Los rzucał nam kłody pod nogi
A jednak wytrwale i w trudzie i znoju
Przeszliśmy ten szmat długiej drogi.

Mileńki aniołku czarnulko Teresko
My mamy też trzy maleństwa
To nasze owoce nieprzespane noce
I skarby naszego małżeństwa.

Wierzymy że nasze i przyszłe rocznice
Aniołek nam w niebie poświęci
A Bóg da nam siłę na dalsze wytrwanie
Staniemy się lepsi i święci.

Karać

Kogo karać za co karać
Za złe czyny czy głupotę
Za działania polityczne
Czy wywrotową robotę?

A to w życiu bardzo ważne
Karać lecz z jakiego prawa

I odważnie aż do skutku
Po bożemu czy po ludzku.

I problem się duży wyłania
Nasuwają się pytania
Niestety brak odpowiedzi
Tak naprawdę coś w tym siedzi
Z której by nie spojrzeć strony
Nie sądź też będziesz sądzony.

O duszy w ciele

Dusza wymiar niewidzialny
Mówi głośno płacze słucha
Śpiewa milczy i potnieje
Śmieje się czasem wybucha.

A więc chcemy czy nie chcemy
Jedną duszę dostajemy
Ja ty żona i kolega
Bo życie na tym polega.

Startujemy w łonach matek
Mamy ciepło i dostatek
I ochronę na dodatek
Jak różany mały kwiatek.

A wiadomo czas przemija
Nasza dusza się rozwija
Dorośleje i mądrzeje
Najzwyczajniej tak się dzieje.

Człowiek staje przed wyborem
By życie przeżyć z honorem

Dużo tego

Ciało z duszą to partnerzy
Jedną wartością się mierzy.

Wiara miłość czułość troska
Człowiek to istota boska
Czas przychodzi duch odchodzi
Do wieczności gdzieś za progiem
Do wspólnoty z Ojcem Bogiem.

Blisko ideału a tak daleko
Prawdziwie idealna jest ziemia i przyroda
Woda morska studzienna strumienna
Zielony lasy i wstające zorze
Powietrze i szeleszczące szumem fal morze.

Czy idealny dom to pałac
Wielkie schronisko a może jednak psia buda
Wieżowce podobne do zapałek wypasowe hotele
Domy publiczne kościoły czy może zwyczajne szkoły?

Żyjemy chwilą zwyczajnie naszą
A może mieszkanko na poddaszu i łóżko
Przykryta kołdrą trzymająca się para nowożeńców
W pełni radości tysiące kwiatów od weselnych gości.

A pierwsi rodzice i złote jabłka na zakazanym drzewie
I wyniosłe śpiewy ptaków i skradający się szatan
W przebraniu węża ideał nie zwycięża
Rozpada się w zarodku znika w nadchodzącej czasu fali
I wszystko się waży na losu szali.

Atrakcje

Co należy do atrakcji?
Pierwszy dzień udanych wakacji
Ślub z milionerem milionerką
Spotkanie w barze z kelnerką.

Ucieczka przed teściową czy tajfunem
Popisywanie się siłą mądrością rozumem
Omija nas tyle atrakcji
Nie korzystamy z urlopu wakacji.

Z braku pieniędzy nie gramy w kasynie
A mamy tak wysokie wygranej szanse
A może wybrać tak się do zoo
I pocałować się z szympansem.

Udało się jesteśmy na wizji w telewizji
Nietrakcyjna samochodowa stłuczka
Ktoś kogoś okradł na wnuczka
Teściowej synowa dołożyła na deser lodu
I sprawy ruszyły do przodu.

A co tam koń i żyrafa
I cela śmierci izolacyjna
Nowe opony do starego mercedesa
Piramida Cheopsa gdzieś w Egipcie
A nawet gówno ptasie na betonowej krypcie.

Nie trzeźwy

Największa wada i nie wypada
Choć nie pił lecz jest nietrzeźwym
To nawiązuje do wypowiedzi

I do rychłej spowiedzi.

Ktoś patrząc z boku i ze łzą w oku
Niby uczony w purpurze
Nie jest pijany a plecie bzdury
I przeczy przeciw naturze.

Pod płaszczem czarnym ukryty szatan
On tylko jeden jest ten prawdziwy
A wokół zbóje złodzieje
Oj panie starszy nie tędy droga
Też jesteś zwykłym parobkiem
Możesz ty diabłem straszyć podwładnych
I zrobić siusiu i kopkę.

Ludzie nie śmieci są równe prawa
A Bóg jest jeden i wierzę
Bóg dał ci godność to jej nie niwecz
Nie bądź szatańskim pasterzem.

To co się dzieje teraz na świecie
To wiek dwudziesty pierwszy zwyczajny
Sam więc się nawróć póki czas na to
Stań się jak wszyscy normalny.

Tyś jest bogaty ubrany pięknie
Jesz darmo ze złotej miski.
Więc zamilcz lepiej i się nie wychylaj
Bo zrobisz w buzi odciski.

Dwa czerwone przyciski

Pozostał dom opuszczony
Uwiązany na popromiennym mrozie

Okaleczony pozbawiony nadziei
W mrocznej sinej kniei.

Jeszcze dzisiaj o poranku decydował
Rozkazywał dowódca niemrawy niski
Stracone wszystko i zagłada ludzkości
Przez dwa małe czerwone przyciski.

Wokoło pustka drzew kłody gruzy domów
Słowem zgliszcza świat mroczny nierealny
Przycisk start odpalone rakiety
Błysk huk i ten chłód nuklearny.

To już koniec i oczy otwarte
Ciała w strzępach swądem dymu przeżarte
I pytania i dlaczego i groźba
I ostatnie spojrzenia i prośba.

Prosić kogo i o co?
Dlaczego a po co?
Cienie śmierci pełzają ukradkiem
Przeprosić za to co się stało tylko kogo?
Przyjaciela ojca brata czy matkę?

Wszystko znikło westchnienia koniec bliski
Kogo szukać i czego się spodziewać
Wspominać początek od kołyski
Przez dwa głupie czerwone przyciski.

Co zamierzasz

Gdy będziesz bogatszy co zamierzasz
Zmienić grube na grosze?
Nie rób tego

Dużo tego

O to bardzo ciebie proszę.

Wydaje się że dogonił zająca
Nic z tego przeszkodziła mu gałąź wisząca
I niechcący zraniony w oko
Zawisł w powietrzu wysoko.

Na nic skargi i wycie nad ziemią
Wokoło pustka jest szaro i ciemno
Stopy w górze i na dół głową
Stracone oko czy przypadkowo.

To nie koniec czas zemsty
Winna gałąź wisząca
Spalona a może to wina słońca
I rozwijasz nienawiści nowe bez końca.

Jednooki teraz ale zatwardziały i ważny
Przeżarty arogancki utarzany w głupocie
Próbujesz wydrzeć żarcie tej hołocie
I obrócić w błotniste kręgi
Do którejś tam potęgi.

A czas przyszedł w noc ciemną
Pusty ponury szary i głuchy
Prosisz o pomoc skamlesz i bluźnisz
Bez wyrzutów sumienia i skruchy
Czarna strona i głos poszarpany
Twój kalendarz już jest zapisany.

Marzenia ufoludka

Muszę kupić pole
Chcę mieć własną rolę

Stanisław Pysek Prusiński

Mały domek i ogródek
Marzył mały ufoludek.

Więc poczekał aż się ściemni
Przybliżył swój statek do ziemi
Spoglądając na hektary
Pomyślał nie jestem stary
I nie wiąże końca z końcem
Lat mam dopiero dwa tysiące
Nie jest źle tu świeci słońce.

I do baru nawet blisko
Ożenię się z Wandą Kryśką
Hanką Mańką czy barmanką
Myśli ufek to mi ujdzie
Ale co pomyślą ludzie.

Jestem inny mały chudy
Jednooki trochę rudy
Ale mam i dobre cechy
Odporny jestem na trudy.

Trafił na wieś do sołtysa
Ten mu rzecze   mnie to wisi
   Spadaj stąd mały huncwocie
   Nie zalecaj się do Krysi.

Ale Krysia nie czekała
Ufkowi serce oddała
Tak to nieraz w życiu bywa
Dziś w kosmosie jest szczęśliwa.

Szczęśliwy jest kosmiś malutki
Ufolud wyrzekł się wódki

Pije tylko wino czerwone
A uczucia ma szalone.

Sołtys swoje pole orze
Patrzy w górę
Przeboleć do dzisiaj nie może
Że mu Ufo mu zabrało córkę
I w kosmosie wali w rurkę.

Ludzkie zoo
Było to biuro pod chmurą
Bez drzwi okien z dużą dziurą
W środku palma jakieś szafy
Lwy lamparty i żyrafy.

Jak to można nazwać to
Zgadłeś bo to było zoo
Wszystko darmo ziarno strąki
Każdy napcha się do syta
Stawy studnie bary łąki
Nikt nie płaci i nie pyta.

A za murem wiatr świszczy
Coś tam wyje wrzeszczy piszczy
Wyrywają stare mięso
Szczerzą zęby i się trzęsą
To nie koniec zgadnie kto
Kto łoży na owe zoo?

Płacą wszyscy za tym murem
Chude ślepe głuche wredne
Nieuczone zadłużone
W niedzielę i w dni powszednie

Biorą nie wiadomo skąd
Bo to zło to jest ich rząd.

Niesforna małpka

Małpa gryzie piszczy skacze
Wije się i głośno chrząka
Nagle stanęła jak wryta
Jej pani puściła bąka.

Tego było już za wiele
Coś takiego i w niedzielę
Małpa będąc z panem w zmowie
Panią wzięło pogotowie.

Małpa górą winna pani
A sąd wydał wyrok taki
Zwierzę pozostaje w domu
Jej pani idzie do paki.

Nie do wiary cztery lata
Pan po domu za małpą lata
Trudno na to coś powiedzieć
Jak popuści pójdzie siedzieć.

Morał taki stąd wynika
Może głupi od niechcenia
Chociaż mieszkasz w domu własnym
To też masz zakaz pierdzenia.

Nie wódź na pokuszenie

Nie kuś czarcie ja się nie dam
Wkurzę się grzechy ci sprzedam

Dużo tego

Weź je sobie bestio czarno
Ale zapłać nie za darmo.

Diabeł w górę uniósł uszy
Patrzy głupio zęby suszy
Grzechy głupcze to są twoje
Walniesz w deski będą moje.

Diabeł to nie będzie tracił
Za nie swoje grzechy płacił
Coś tu nie gra Pan Bóg rzecze
To twoja sprawa człowiecze
Po co zatem robisz grzechy
Dla głupiego diabła rechy.

Cóż więc robić płakać cieszyć
Diabeł grzechów dziś nie kupi
Pan Bóg za to nie pochwala
Więc się człowiek zrobił głupi.

I się stukał w łeb dopóty
Stracił rozum głowę buty
I na drodze się rozbija
Kto to zrobił pewnie pijak.

We dwoje raźniej

Samemu to głupio się bać
We dwoje inaczej to idzie
Żyć w dobrobycie w pojedynkę
Lżej jest we dwoje w bidzie.

Misiu ty mordko moja
Pretensje miej do raka

Stanisław Pysek Prusiński

Nie byłoby u nas biedy
Bądź oszczędniejsza taka.

O jaki oszczędny się znalazł
Z kieszeni wystawa mu szyjka
Pieniędzy nigdy nie będzie
Bo pan zalewa ryjka.

I starły się dwie opcje
Więc wzięły się pod pachę
We dwoje to zawsze raźniej
Kupili litrową flachę.

Samemu wstyd rozlewać
We dwoje to już przystoi
Ale to głupio wygląda
Ten leży ktoś nad nim stoi.

Życie stwarza problemy

Halo halo czy to policja
Przyjeżdżajcie natychmiast
Bo to żona mnie nawala
W żołądku coś mi burczy
I po głowie na...
A ciało moje się kurczy.

Już wyjeżdżamy natychmiast
Musowo to nasza praca
W nocy trzy interwencje
Ktoś tyłki nam zawraca
My również mamy kaca.

I patrol się pojawia

Dużo tego

Balanga się zaczęła
  A niech to porwie licho
Rypła się sprawa cała
Mamusia przyjechała.

Wezwała do rozejścia
A sierżant nie posłuchał
I w stronę starszej pani
Aż dwa promile wydmuchał.

I wtedy się rozegrały sceny
Co było naprawdę nie wiemy
Jak pokazała kamera
Pokój zniszczony do zera.

Sierżant ma nos złamany
I obojczyk wytrącony
Kapral został bez czucia
Kredensem przygnieciony.

Ze służby ich wylano
Poszli na kuroniówkę
Mamusia na układ nie poszła
I odmówiła łapówkę.

Zięciulo zbladł na zawsze
W szpitalu zmienia okłady
Pastor chciał ugasić kłótnie
Biedaczek nie dał rady
Że też się tak wyrażę
Zupełnie przypadkowo
Zarobił w łeb lichtarzem
A to sprawiła mamuśka
Prosta pani nie jakieś tam cudo

Ale wysportowana
Sto lat już ćwiczy dżudo.

Rady dla emeryta i rencisty

Z listonoszem nie zadzieraj
Bo nie otrzymasz renty
Nie uczestniczysz w imprezach
Oszczędzasz na prezenty.

Nie popisuj się w barze
Bo wsadzą cię do ciupy
Po co na starość problemy
Szkoda tej starej d..

Dostaniesz pod oko od babci
Nie zgłaszaj na policję
Opuchlizna zejdzie niebawem
Przebacz jej miej ambicję.

Gdy napadną cię zbóje
To oddaj co posiadasz
Nie spowiadaj się po wódce
Bo wszystko co dobre wygadasz.

Nie zdradzaj babci nigdy
Dla jakiejś innej małpy
I po północy nie wychodź
Nie odwiedzaj knajpy.

Szanuj swoją połowicę
I żyj z nią bardzo przykładnie
I tak przyjdzie czas na ciebie
Sam wtedy ci opadnie.

Telewizję oglądaj rzadko
Ale tylko programy miłosne
I nie wódź na pokuszenie
Nie oglądaj się za młodą królewną
Bo nie wytrzymasz napięcia
I wnet cię diabli wezmą.

Spędzaj zatem emerycie
W domu chwile tak radosne
Jak przeżyjesz zimę
To umrzesz może na wiosnę.

Strajk pszczelny

Nowości z pierwszej ręki
W południe doszły słuchy
By od jutra wszystkie pszczoły
Z uli powiązać na łańcuchy.

A to się stało w sejmie
Kłaniając się uprzejmie
Wprowadzić trzeba ustawy
Po prostu tak dla zabawy.

Misio poseł niezrzeszony
I nie jest w ciemię bity
Na raport ten bezczelny
Ogłosił protest pszczelny.

I pszczoły w strojach czarnych
Wyległy na ulicę
W proteście łańcuchowym
Obsiadły kamienice

Szpitale knajpy szkoły
Oj czas to nie wesoły.

I groza na kraj padła
Kto będzie miód wytwarzał
I za łeb pszczoły wzięły
Swojego gospodarza.

I tak gościa dopadły
I jądra mu obsiadły
Że płakał prosił szlochał
I ustawy wycofał.

A pszczoły hop to ula
Ucząc rozumu króla
Który był głupi i głuchy
Wprowadzić chciał łańcuchy.

Pracować czy za...

Pracować czy za...
To odmienne dwa pojęcia
Praca dotyczy mamusi
A za... zięcia.

Zięciu tyra za dziesięciu
Tak to prawda od zarania
Ale to już nie wystarcza
Jeszcze mama go ochrzania.

Pracowity nie jest zbójem
Jest kowalem kozy kuje
Za słabszymi się ujmuje
Lecz u mamy ciągle dwóje.

Dużo tego

Co tu począć myśli biedak
Jak osłodzić swoją biedę
Więc oświadczył swojej mamie
Wyjdę z domu i nie przyjdę.

Słowa te wkurzyły mamę
Więc zaliczył jedną bramę
Cztery drzwi aż osiem klamek
I przeprosić musiał mamę.

Mama zawsze z córką w zgodzie
Łyżwy w lato zięć na lodzie
Tak to bywa gdy ktoś słaby
Pójdzie pod trzewiki baby.

Problemy

Tak dużo wiemy i wiele chcemy
Pada pytanie skąd więc problemy
Duże i małe proste i błahe
Wymowne zwykłe banalne przykre.

O czym mówimy sami widzicie
Właśnie problemy stwarza nam życie
Nie masz problemów to nie istniejesz
Nie zbierzesz plonów jak nie posiejesz.

Gdy nie posiejesz to i nie zbierzesz
Mając problemy utwierdź je w wierze
Jedno jest pewne to się nie martwić
Bo każdy problem da się załatwić.

Może ten z miasta lub inny z wioski

Coś tam przeszkadza wyciągnij wnioski
Lecz gdy praw boskich przekroczysz bramy
Wtedy tyłeczek zmoczysz kochany.

Seppuku

Z japońskiego seppuku to sam się zabijasz
Tak po prostu się wkurzyłeś obcinasz sobie ryja
Głupio się może teraz czujesz aż ciebie trzęsie febra
Spokojnie z pewnym namysłem lokujesz nóż w żebra.

Drugi raz nie przećwiczysz tego co się stało
To że duch ciało opuścił to nie było sztuką
To są takie wierzenia zgodne z ich nauką
To co przećwiczyłeś raz ostatni to jest seppuko.

Gorzej gdy ktoś do wykonania tak lamparta wpuści
Wtedy delikwent to może w nogawki popuścić
Można się wtedy i nie zdążyć podrapać za ucho
Ale to nie zaliczy do honoru to już nie seppuku.

Otruć to się można nawet konserwą tyrolską
Lub strzelić sobie w głowę z korkowca po polsku
Poderżnąć gardło mydłem zawisnąć na gumie
Ale to trochę głupio i każdy to umie.

Jeśli decydujesz się na seppuku to zrób dwa oddechy
Weź w rączkę kij bejsbolowy lub kawałek dechy
Unieś prawą rączkę do góry i puknij się w głowę
Nie uderz się tylko zbyt mocno bo utracisz mowę
Nie mogę teraz powiedzieć czy to jest odważne
Uważam że jak krzykniesz boli seppuku będzie nieważne.

Lista grup społecznych

Sprawa czysta oczywista
Stworzona została lista
Na niej bogaci i szpece
To ci co ubrani są w kece.

A następni to ci z góry
Ściągają na ziemię chmury
To tak zwani politycy
Każdy coś od siebie kwiczy.

W kolejności urzędnicy
Specjaliści od rachunku
Drapią się po łysych głowach
Pełni troski i frasunku
Komu więcej mnie czy tobie
Wyszło że najwięcej sobie.

Teraz idą robociarze
To szpadlowcy i śmieciarze
Wszystko robią co boss karze
Na ramionach tatuaże.

Teraz grupa rolnik ze wsi
Zasiał zboże żniwa prześpi
Ale daje sobie radę
Choć nikt nie chce gadać z dziadem.

A policja zwarta grupa
Nagan i spasiona pupa
Po to przydzielili nagan
Żeby robić mógł bałagan.

Stanisław Pysek Prusiński

I ostatni to złodzieje
Wszystko wiedzą co się dzieje
Ci pracują noce całe
Stąd zmartwienia mają duże
Bo należą do tej grupy
Co znajduje się na górze
A wiadomo o co chodzi
Spojrzeć w górę nie zaszkodzi.

Czy odnajdziemy się

Czy odnajdziemy się kiedyś w innym wymiarze
W nowym świecie zupełnie inni czyści
Pojedynczo czy grupowo
Robotnicy lekarze artyści.

Oświeceni przez jeden możniejszy
Od promieni słońca duchowy
Promień boskiego żaru
Czy poznamy w końcu Pana Boga
Gospodarza tego tam wymiaru
Gdzie czasu zabrakło
Świeci inne przezroczyste światło
Niewidzialni dla obecnego świata odmienieni
Mieszkańcy tej oto ziemi
Napełnieni duchem i spełnieni.

Czy nasze ciemne strony życia
Nie staną się przeszkodą
Dla osiągnięcia zaszczytu
I wiecznego duchowego bytu.

Mijanie

Mijamy się codziennie
Na ulicy schodach w barze
O tak zupełnie przypadkowo
My ludzie leniwi i pracujący
Zadajemy dziwne pytania
Rozpychamy się łokciami niechcący.

Walczymy o strawę i ciepło
Psioczymy na niebiosa i piekło
To my mieszkańcy tej planety
Tak bardzo tę matkę ziemię kochamy
Więc dlaczego i po co swoim działaniem
Zagrożenia ogromne stwarzamy
Techniczne budujemy tory
I wielkie śmiercionośne potwory.

Cóż robić jak fakt ten odmienić
Starajmy się poglądy zmienić
Na lepsze trwalsze bezpieczne
Świadomi że nic nie jest wieczne.

Mijanie z czasem wciąż się toczy
We wielkich wszechświata przezroczy
Bo takie są bycia wymogi
Jak kręte i proste są drogi.

Jak widzą tak piszą

Prominenci decydenci
Rycerze nadęci cześć ich pamięci
Wodzowie i dyktatorzy
A jednak bywają chorzy.

Wódz niedobry i ciemiężca
Nagle coś mu w środku pęka
Doktor mu próbuje pomóc
Nici z tego dalej stęka.

Chory wydaje dziwne dźwięki
Przy tym zrobił głupią minę
Jakby coś go wystraszyło
Głowę schował pod pierzynę.

Dostał właśnie list otwarty
I zrozumiał że jest cienko
Znalazł się po innej stronie
W brudnej cieczy na betonie.

Ciemna strona jakieś twarze
I palące smolne szczapy
Wielki pająk zieje ogniem
Chwyta go w potężne łapy.

Koniec trasy finisz wczasy
A na ziemi wielka stypa
Chwalą leżącego typa
Czasem kwiaty ktoś przyniesie
Wokół kumple i kolesie.

Odznaczyli orderami
Pożegnali z honorami
I po stypie żegnaj typie
Zakopany już nie łypie.

Wokół ziemia jest zmarznięta
Do mogiły droga kręta

Sople na pomnikach wiszą
Jak cię widzą tak cię piszą.

Alternatywa

Nabył bilet w kasie
Powiedział cześć
I poleciał nie patrząc na bilet
Minął miasto i wieś.

Wsiadł do pociągu zadowolony
I nagle zdziwiło go
Na bilecie nie zgadza się kierunek trasy
To nie jest to.

To nie ten przedział i się dowiedział
Bilet jest nieważny choć opłacony
Szkoda że nie we dwie strony
Zmęczony dojechał do końca trasy pociągu
Na przeciągu.

Wysiadłszy na przystanku rozglądając się
Zauważył wielkie pole dorodnej kapusty
I ten wiatr i potężny ziąb
A w środku tylko on jeden głąb
Inaczej środek od kapusty.

Głupiec i karabin

Z karabinem to nie żarty
Naciśniesz na spust wystrzela
Sześć dni minie jeden po drugim
A siódma to jest niedziela.

Stanisław Pysek Prusiński

Myślał głupiec co zrobić
By rozumu nabyć
Za rozum trzeba zapłacić
Może lepiej się zabić.

Więc siedzi na fotelu
I się puka w glacę
Może się najpierw zastrzelę
Zginę nie zapłacę.

Nabył zatem głupiec karabin
Magazynek a w nim naboje
A to jest jego sprawa
To jest życie moje
I zrobię co sobie życzę
Wcale się nie boję.

Ale w końcu się zdecydował
W wewnętrznej rozmowie
I strzelił do kapelusza
Mając go na głowie.

I przestał się głupiec ruszać
Umarł i gotowy
Nie pomyślał że kula przebije kapelusz
I wejdzie do głowy.

Więc żeby popełnić coś takiego
Porady są takie
Nie strzelać do kapelusza
Tylko prosto w czapę.

Kaczka

To że kaczka to pływaczka
O tym nawet wie sprzątaczka
Kto pomoże się utopić
Jak nie pływająca kaczka.

Kaczka w biurze na urzędzie
Taka kaczka brudy przędzie
Pływa w stawie i zadyma
Może kaczkę coś zatrzyma.

Nasza kaczka barwy zmienia
Szuka nowego jelenia
By pogadać trochę popić
W końcu biedaka utopić.

Jak ją bociek gdzieś przydyba
Może nawet większa ryba
To spierdziela gdzieś w szuwary
Kryjąc przy tym swe zamiary.

Kaczka zajrzy w każdą dziurę
I wywoła z deszczu chmurę
Więc debile i sprzątaczki
Popierajcie rację kaczki.

Program i gram

Program z gramem to rodzina
Od programu się zaczyna
Gdyby to się pojawiło
To by coś i z tego było.

Drogi lasy wiatry leszcze
Może coś dodadzą jeszcze
I zamienią a na o
To nam wtedy wyjdzie grom.

A programy teraz ważą
I nie gramy tylko tony
Stos papierów i śmietniska
Zawierają pośmiewiska.

I atrament też się traci
A kto za to musi płacić
Pani Zuzia zwykła praczka
Wojtek robol i sprzątaczka.

A programy buch do kosza
A Belweder może Wiejska
Program puszcza Białowieska
Do wycięcia wszystkie drzewa
Gdzie ptaszyna będzie śpiewać?

Proszę ludziom spojrzeć w oczy
Kto z programem tak wyskoczył
Najpierw zważy się na wadze
I ma zawsze na uwadze
Bo programu nie przeżyje
A ukarany w anclu zgnije.

Stres

Skąd się stres bierze chyba z niewiedzy
To coś co czasem siedzi na miedzy
Wdepniesz nierówno ujrzałeś g...
Zakląłeś psiakrew to jest stres właśnie

Dużo tego

A niech to trzaśnie.

Inny przypadek sprawa uboczna
Zgubiłeś portfel a w nim dwa grosze
Kołem cię trącił motocyklista
Doznałeś stresa to oczywista.

Stres to objawy sumienia bólu
Zraniłeś kogoś przeproś go królu
Choćby poddanym ten się okazał
I ze wściekłości tyłek pokazał.

Stres możesz dzielić i na dwie połowy
Zgoda nastaje stres mamy z głowy
I stresu pozbyć się całkowicie
To jest możliwe sami widzicie.

Czy pech jest stresem złamałeś nogę
Szczęka wypadła ci na podłogę
Walczyć ze stresem to jest możliwe
Przekonaj nerwy że są płochliwe
Najlepiej użyć tu pokemona
Ten go wystraszy sprawa skończona.

Milczek

Przestać rozmawiać z ludźmi
Następnie ze sobą
Czy można to nazwać chorobą?

Wkurzył się nie na żarty
Wróżył i przekładał karty
Zaczął do siebie pisać
Listy i kolorowe karty.

Odpisywał na listy od siebie
I odbierał od siebie samego
I dlatego dnia pierwszego
Przestał kupił lustro czarne
Żeby nie widział swojej milczącej twarzy
Czekał co teraz jeszcze się wydarzy.

Dnia drugiego
Nie myśli stał się słupem
Siedząc na parkowej ławce
I drapiąc się w d...

Dzień trzeci
Nie czuł nie rozmawiał
Nie patrzył i nie myślał
Nie liczył już na nic
Na pomoc zrozumienie i łaskę
Nawet się ze sobą nie pożegnał
Tylko założył maskę
Odszedł gdzieś na Alaskę
W ten nieznany i odległy kraj
Aj Aj Aj Aj Aj.

Napad stulecia

Dziś go napadli i co i co i co?
I tax ukradli i co z tego?
To był tax nie jego.

To były państwowe prezenty
Odjęli renciście dwadzieścia trzy procenty
Cóż można na to poradzić
Należy wsadzić do więzienia rencistę

Dużo tego

To oczywiste.

Bo to złodziejstwo a tax państwowy
Zamknąć i z głowy
Problem czy zamknąć tego co go napadli
Czy tych co go okradli.

Kto tu naprawdę jest winien?
Kto za to płacić powinien?

Propozycja mówi policja
Ma być zamknięty na cztery spusty
Niezależnie od tego czy cienki czy tłusty
W samotności to się nauczy i z głowy.

Co na to urząd skarbowy?

Nic nam do tego nie iść na układ
Zamknąć rencistę i tego co ukradł
Po co te fazy będą dwa taxy
I dodatkowy otworzyć wydział
Posadzić tego co wszystko widział.

Wypowiedział się teraz kat
    Założyć powróz poświęcić dziada
    I zwolnić z taxu tak dla relaksu
    Zaniechać również wszystkich kontroli
    Odsunąć stołek i już nie boli.

To jest okrutne
Ale jest prawdą
Kto tu ma rację aż strach powiedzieć
Lepiej zamilknąć bo można siedzieć.

Zaczarowana gitara

Marzył że będzie inaczej
Pięknie kolorowo i z gestem
Ale zrobiło się szaro
Pozostał sam z gitarą.

Dziewczyna go rzuciła
Bo grał utwory nudne
I ktoś mu ukradł nuty
W niedzielne popołudnie.

Siedząc na skraju drogi
Głodny obdarty bosy
Nagle usłyszał z daleka
Tumult koni i dziwne odgłosy.

Nagle na środku drogi
Kareta się zatrzymała
I z okna tej karety
Piękna dziewczyna wyjrzała.

On ujrzał te piękne oczy
Gitara zabrzęczała
I sama bez pomocy chłopca
Pięknie i rzewnie zagrała.

Królewnie łzy ciśnie do oczu
Zabrała chłopca na zamek
Ubrała nakarmiła
Nawet podarowała wianek.

Była to mądra dziewczyna
Oboje dorastali

Dużo tego

Gitara zaczarowana sprawiła
Że wkrótce się pobrali.

Apele

Wołania o pomoc i zbiórki pieniędzy
Apele i demonstracje
To bardzo jest ważne i może pomaga
Wiadomo a kto tutaj ma rację?

Ten wytwór ma imię i zwie się mamona
Istnieje od dawna sprzed czasów Nerona
Liczona i sakwach okrągłe srebrniki
Wykładane w pałacach na złote półmiski
A niekiedy przekuwane na boskie kołyski.

Niewolnik za grosik pracował dzień cały
Od uderzeń bicza aż karki sztywniały
Mamona przetrwała i czasy Nerona
I wieki następne tak samo czerwona.

Od potu i płaczu i mąk i od szlochu
Kto jej nie posiadał musiał skończyć w lochu
A czasy nam współczesne mamona zielona
Dolary czy franki w złocie pałace i chaty
Dotyczy to wiadomo ludzi bogatych.

A banki mamoną są pełne po brzegi
Mamona w kasynach pilnują jej szpiedzy
Mamona zielona tak bardzo chroniona
Przez skoble i kraty i wielkie armaty
A czasy są trudne i niespokojne
Mamonę się wartko wydaje na wojnę.

I toczą się wojny okropne zagłady
I giną ludziska społeczne fasady
Staczają się w przepaść ogromnych czeluści
Czy kiedy mamona ten problem odpuści.

Czy aby szczęśliwy jest ktoś przez mamonę
A czas szybko płynie zawzięty uparty
Mamony przyrasta i na wsi i w miastach
Zmieniają się ludzie na osy lamparty
I ciągle się gryzą o zielone karty
A prawda jest jedna nam takiej potrzeba
Że za mamonę nie kupisz furteczki do nieba.

Miłość zwyciężyła

Przykryta szczelną powłoką miłość
Mocnym skrępowana powrozem
Nieśmiała i zatroskana
Gorąca ściśnięta mrozem.

I nagle z błyskawicą światła
Pękła szczelna kopuły skorupa
Coś w rodzaju wielkiego wybuchu
W jaśniejących różnobarwnych smugach.

I w powietrzu rozległy się dźwięki lutni
Muzyczne wesołe i rześkie
Rozumianej we wszystkich językach
Nigdy jeszcze nie słyszanych wcześniej.

Ile musi się miłość natrudzić
Aby serca zatwardziałe obudzić
Aby i lica rozpromieniały
I od teraz już zawsze kochały.

Hart ducha

Duchowa pamięć zawrotna i inna
Z założeń prosta piękna i rodzinna
W różnych odcieniach w płatki pocięta
Nie może zostać nam obojętna.

Myśli duchowe przejrzyste czyste
Stają się jasne i oczywiste
A owinięte świetlistym pasem
I w każdej chwili z pędzącym czasem.

Przez specjalnego gońca podane
Późnym wieczorem lub wczesnym ranem
Dotarły myśli na ziemskie pole
W mocnych akordach strun poszarpanych
Zdane na łaskę może niedolę.

Co teraz czeka nadeszłe myśli
Kto ich teraz przyjmie
Czy wprawi w czyny jak śpiew dziewczyny
Utrwali w miłość i dobroć czystą.

Wdrażając myśli przybyłe z nieba
Wielkiej odwagi i hartu ducha
Musimy zdobyć się na odwagę
Wtedy nas stwórca nasz Bóg wysłucha.

Damy radę żyć

Z otwarciem oczu cichym westchnieniem
Z niemrawym ręki niedbałym gestem
Zdziwiony bardzo tym co się stało

Wyszeptał Jestem.

Pomyślał teraz jak to możliwe
Na wpół umarły śnił w innej baśni
Ktoś głosem ducha szepnął do ucha
   Proszę posłuchaj proszę nie zaśnij.

Głos był rozkazem więc i tym razem
Wstać będzie musiał by się utrudzić
Aby pracować i odpoczywać
Wieczorem zasnąć rankiem obudzić.

Taryfy ulgowe

Ot proste życie normalne dzionki
Marzenia praca tęsknoty mrzonki
Czasami w dziwne ekstazy wprawia
Co ten nasz duszek w ciele wyprawia.

A on się kręci i kombinuje
Ciało podgrzewa a duch gotuje
Ktoś tam się gubi o drogę pyta
Bo ducha rola jest w tym niezwykła
Chociaż czasami coś się powikła.

Coś na przeszkodzie stanie niestety
Wyrosły mury i gęste chmur płaszcze
Trudno się przedrzeć choć się staramy
A zło szeroko otwiera paszczę.

Nastaje zamęt wiara rozmyta
I trzeba walczyć i pytać siebie
Prostować drogi dobierać słowa
Kochać i wierzyć i żyć od nowa.

Inni niż my

Wydaje się że jako ludzie jesteśmy tacy sami
A z drugiej strony tak naprawdę inni
Usłużni prostolinijni mądrzy
Często jednak chwiejni i beznadziejni.

Oni i my tworzymy rodziny
Staramy się być jednym społeczeństwem
Obliczonym na wiarę i niewiarę
Radością miłością złością i lamentem.

Świeci dla nas jedno ogromne słońce
Żywi nas szczodra matka ziemia
Krążymy na jednej i tej samej orbicie
Więc jesteśmy tylko my innych nie ma.

Wstydem nazwane

Wszelkich podwalin nauki sztuki
Dziejów przebyłych czasów zarania
Mnożą się dwoją i nie sprawdzają
Tezy dowody i zapytania.

Pisarz nocami tworzy poezję
Wielki uczony zmyślił herezję
Są przypuszczenia różne domysły
Coś obliczone na ludzkie zmysły.

Powstaje prawda i paranoje
Co wymyśliłeś też jest nie twoje
Jutro zostajesz zmieciony z fali
Twoje dowody ktoś tam obalił.

Gdzie się ukryły sprawy prawdziwe
Jak wymyślono rzeczy wstydliwe
Przykrywać nagość dlaczego po co
Wstydzić się czegoś za dnia i nocą.

Czy to uczciwe wstydzić nagości
Ktoś się wychylił i stąd przykrości
Czy sprawiedliwie się kogoś łaje
Że mu prawdziwość z przodu wystaje.

I bardzo często się nawet wstydzi
Choć swojej pupy z tyłu nie widzi
Wstydzić nagości wymyślać szaty
I wymizdrzone dziwne podwiązki
Zasłaniać z przodu wypukłe piersi
W przedziwne kwiaty i złote wstążki.

Mężczyzna często kobietę łaje
Sam się nie wstydzi choć mu wystaje
Wynika z tego i w tej potrzebie
Niechaj się każdy wstydzi za siebie
W przeciwnym razie dojdzie do tego
Że ktoś się będzie wstydził za niego.

Błędy

Błąd jako taki nie istnieje
Czy błąd to coś co zrobiono źle?
Nie jest źle tylko zrobiona czynność odwrotnie
I pytanie skąd pochodzi błąd?

Czy błędem jest pozostać dwa lata w tej samej klasie?
Nauczyć dużo więcej nie da się.

Lub żałować że wzięło się sto lat temu ślub
A nawet dodać do swojego konta pieniądze
Nie wiadomo skąd
Korzyści nie błąd.

Czy pomylić teściową z mamą
To nie to samo z jakiegoś względu
Nie uciekać na widok wilka
I czekać aż przybiegnie ich kilka.

Zwlekać na skarpie
Aż się stado w walce o ciebie rozszarpie
Uniknął śmierci z tego względu
Przy pomocy błędu.

Aleppo Syria

Niszczące siły histeria trawi
Wspaniałe miasto szpitale szkoły
Żadnej litości spalone ciała
Śmierć i pożoga czai się w skałach.

Co na to Pan Bóg bardzo zajęty
I z braku czasu gorąca kuźnia
Dwóch agresorów czerwono czarnych
Sieje pożogę a Bóg się spóźnia.

Chcą wydrzeć z ziemi wielkie bogactwa
Bo to niechybnie jest tym powodem
Dlatego walczą z własnych korzyści
Z całej tej ziemi biednym narodem.

Z nastaniem ranka wschodzącym słońcem

Płyną bombowce jak stado ptaków
Rzucają bomby zapalające
Niszczą szpitale pełne dzieciaków.

Krew ludzka płynie żywa niewinna
Pociski drążą okropne wyrwy
Syreny wyją z wielkim hałasem
Widok z potwornym całunem śmierci
I ciał leżących bezładnym lasem.

I widmo ludzi na wpół umarłych
W mrocznych piwnicach w dymie i smrodzie
Umarła pamięć żadnej nadziei
W kroczącym krwawym śmierci pochodzie.

Może się ocknie Bóg sprawiedliwy
Odwróci strasznej śmierci pożogi
Zawróci z drogi wściekłych szaleńców
A ich broń straszną wrzuci w barłogi.

Trzeba się śpieszyć narody świata
Trochę litości nie niszczcie brata
Ojca i dziecka narodzonego
Ostatnie chwile to krzyk rozpaczy
Czy można takie zbrodnie wybaczyć.

Oderwać się od rzeczywistości

Głębokie myśli duchowa czystość
Czy zabiegane człowiecze ruchy
Wokół przyroda słońce pogoda
Śpiew ptaszyn leśnych wiatru podmuchy.

Drogi na skróty miłość i zdrada

Dużo tego

Nieskazitelna bo boska czystość
To rzeczy które mamy na co dzień
To rzeczywistość.

I piękne słowa wybranych królów
Troska o ludzi i o przyrodę
Spełzają tylko na obietnicach
I są rzucane jak kamień w wodę.

Zgodnie z teorią to sprawa czysta
Jednak w praktyce bywa inaczej
Przykładem może być prosta świnia
Więc jak jej kazać jak kura gdacze.

Jak można zmienić być może przerwać
Czy rzeczywistość można oderwać
Wyzwolić z pychy manii wielkości
Naprawić sprawy pewne uprościć
I w imię prawdy prawa miłości
Dążyć do lepszej rzeczywistości.

Koń i wczasy

Czy aby musi już tak pozostać
Pragnął mieć słonia ale go nie stać
Ktoś go postraszył i musiał przestać
Cóż mu zostało udawać konia.

Ale udawać to ciągnąć pługi
Skibę zaorał i padł jak długi
Nie kupi konia co z żarciem z Runji
A w gminie zwarci i wszyscy spójni.

Dali pożyczkę na sprzęt ciągniki

A ropa płynie gdzieś z Ameryki
Wszystko prywatne wzgórza kołchozy
Z helikopterów sypią nawozy
I umorzyli pożyczek połowy
W nagrodę dali szampon na głowy.

Myszy zalęgły się w owsa miarce
I organista gra na fujarce
A to dlatego Boże kochany
W nocy z kościoła zniknęły organy.

Czołgi dotarły do lewej flanki
Koń na wyścigach otwiera bramki
Komornik zajął drzwi i zawiasy
Chłop wsiadł na rower i hajda w lasy.

A na Syberii wielkie wypasy
Dali cementu robią szałasy
Czy się opłaci czy tak być powinno
Wczasy to dobrze lecz zimno w nogi
Może darmowe dadzą sapogi.

Nie wypalił

Znowu program się rozwalił
Lepszy był a nie wypalił
A obrady co niedziela
Jest karabin i nie strzela.

A wtedy wyraził się ten on
Nie podoba się to won
Obojętnie gdzieś na strony
Ojcowie matki bracia i żony
A jak nie do więzień wsadzę

Dużo tego

I porządek zaprowadzę.

Ale nie przewidział on
Że go kiedy kopnie koń
Że być może i nim zalejba
Wyrwie resztę włosów ze łba.

I będą o nim apele
Że wyklęty i poległy
A płakać będą tam kozy
Pod liśćmi ściętej brzozy.

Stoi Mirano

Różni są ludzie pracują pragną
Co w nocy nie śpią bo wolą rano
Koń na łyżwach na lodzie w parku
Krowa uciekła w las przed dojarką.

Cegły nie było a murowano
Ktoś zamiast trawy pokosił siano
A zmarły w trumnie znów się poruszył
Wszyscy płakali on zęby suszył
Słoń się przed mrówką ukrył za bramą
Ale zdarzenie a o tym niżej
Woła o pomstę by zawołano.

Hans akademię ukończył policji
Zdolny był bestia pełen ambicji
Dział praw od szwanku i prohibicji
I zaczął działać tu na prowincji.

Wybrał na służbę się wczoraj rano
Włożył nowiutkie spodnie z drelicha

Koszulkę oraz bluzę wypraną
Sprawdził czy fuzja aby nabita
Regulaminy wszystkie przeczytał
I zdał egzamin sam się przepytał.

Pełen otuchy wielkiej mądrości
I zaczął sprawdzać auta szybkości
Złapał za szybkość przedwczoraj rano
Pewną osobę odpicowaną
Hansio pomyślał że to Estończyk
A może Arab albo Japończyk.

Zatrzymał auto i prawidłowo
Zajrzał do okna za szarą ramą
Pokazał panu wynik szybkości
Prosi o dowód i rejestrację
Grzecznie zapytał co proszę pana
    Cóż wybieramy się na wakację.

Za chwilę oddał jeden dokument
I odrzekł proszę dziękuję panu
Ukłonił nawet się przy tym nisko
Nagle popatrzył na gościa z bliska
    Proszę wymienić swoje nazwisko.

Ten odrzekł grzecznie Stoi Mirano
Hansio się wkurzył to jakaś kpina
On go nie puści musi zatrzymać
Może to bandzior z innego stanu
Co go obchodzi że mu tam rano.

A czy mu leży i czy mu stoi
Nie jego sprawa i się uśmiecha i się nie boi
Na służbie szybkość i kpiny z władzy

Dużo tego

Trzeba mu będzie kopa zasadzić.

Rzekł Hansio
    Proszę opuścić auto za ramą
    Jestem na służbie i proszę pana
    Mnie na tak głupie żarty to nie stać
Stoi Mirano a to pocieszne.

Kierowca wysiadł z uśmiechem grzecznie
Stoi Mirano powtórzył głośno
    Jestem konsulem mam immunitet
Stoi Mirano w jednej osobie.

Hans wpada w nerwy pokażę tobie
    Gość kpiny robi i się wygina
Hans nie wytrzymał
Wyrywa gana z kabury rano
I wycelował w twarz roześmianą.

Stoi Mirano uniósł pantofla
I Hansa trafił prosto w kartofla
I krew zalała bluzę wypraną
Hans pada martwy leży jest rano.

A tak to nieraz na służbie bywa
Raz się przegrywa i nie wygrywa.

Most się pod zwykłą mrówką zawali
Bo ktoś zapomniał powbijać pali
Powiedział wodzie by się wydęła
Więc ona siebie we wir wciągnęła.

A co do Hansa to słaba szansa
Opuścił szpital dziś wcześnie rano

Twarzyczkę całą ma obwiązaną
Jakieś kabelki zwisają z główki
Dwie pielęgniarki cztery kroplówki.

Wszystko jest jasne więc o co pytać
Hans słabo mówi uczy się czytać
Teraz jest świadom zrozumiał wszystko
Stoi Mirano to jest nazwisko
A twarz ma smutną i zapłakaną
Bo mu nie stoi a leży rano.

Dziwny bohater

Nie mieć rąk ani nóg
Wrócić z wojny i być bohaterem
I wspomnienia tych dni nie warte
Tylko oczy szeroko otwarte.

Przejść niemałej i dróg krętych szmat
I zabijać tylko w imię czego?
Pozostawić po sobie ślad
Trupich głów i pnia spalonego.

Ten bohater leżący na wznak
Patrzy w przestrzeń i bardzo się wstydzi
Słysząc huk skowyt ludzki i stuk
Jego duch przygnębiony się brzydzi.

Może lepiej już iść w ciemną dal
Niż ocierać bez rąk oczy sine
Jak przejść chaty rodzinnej próg
Gdy zabrakło prawdziwych nóg.

Jeszcze raz ostatni spojrzał w niebo

Jego lica dziwnie pobladły
A medale wiszące na ścianie
Na pierś bohatera opadły.

Jego twarz zastygła nieruchomo
Duch powoli opuszcza bohatera
Czy było warto dla zwodniczej idei
Takim młodym być i umierać.

Pojedynek Goliata z Dawidem

Dawid rzecze
    Waszmość stań i unieś swój miecz
    Spójrz w górę raz ostatni popraw zbroję
    Zsuń przyłbicę i zasłoń oczy
    Ja Dawid się ciebie Goliacie nie boję.

Dawid stanął na polu w rozkroku
Dzierżył w dłoniach kamień i procę
Patrzył w niebo i prosił Boga
By zesłał na niego moce.

Goliat miecz ciężki w ręku zacisnął
I ze śmiechu się nieomal zachłysnął
I rzekł do Dawida groźnym głosem
    Któż ty jesteś ty dziecko ubogie
    Jak śmiałeś zastąpić mi drogę
    Nadziwić się teraz nie mogę mój drogi
    Podziwiając dziecięce chude nogi.

I pomyślał w duchu Goliat o kurcze
Naokoło rycerzy taka zgraja
Może gdzieś jest ukryta kamera
I ktoś robi żarty i jaja

I ruszył Goliat z krzykiem do ataku
Zaraz potnę ciebie mieczem dzieciaku.

Nagle świst rozdał gęste powietrze
Nagi kamień wystrzelony z procy
Trafił prosto w czółko Goliata
I rycerza na śmierć zamroczył.

I to koniec jest pojedynku
Przegrał Goliat trzaśnięty jak z bicza
Bo proca którą użył Dawid
To była przeciwlotnicza.

Rumor zwykły humor

Przykro słuchać strach taka tragedia
W telewizji aż huczy i w mediach
W gazetach na wszystkie strony
Jutro świat ma być przekręcony.

I nikt nie wie naprawdę tak
Przekręcony ale po co i jak?

W lewą stronę czy w prawą do góry
Czy na dół przemieszczają się chmury
My będziemy spacerować górskich stokach
Po chmurach w odwrotnych kaloszach.

Czy nam księżyc na głowy nie grzmotnie
I zupa nie wycieknie z garnuszka
I odwrotnie żona na mężu
A jak inwalidzi na wózkach.

Nagle wszystko się wyjaśniło

Dużo tego

W satelicie się coś popieprzyło
Odwołano wszystkie alarmy
I ominął nas scenariusz czarny.

Młoda i stary

Taka moda ona młoda
A on stary żałość bierze
Co dzień rankiem go wywozi
Na siodełku na rowerze
Czy to nawet i wypada
Młodej wozić z tyłu dziada.

Po co go codziennie wozić
Może lepiej go zamrozić
Albo pozostawić w lesie
Niech go połknie wąż pasiaty
Skoro chorowity lichy
Jeszcze wsadzi nogę w szprychy.

Albo nie przywiązać gada
Dodać gazu niechaj spada
I dla hecy stłucze plecy
Rozbudzi niechęć do roweru
I zaniecha tych spacerów.

Lasek gęsty kręta dróżka
Gdzieś w środeczku mieszka wróżka
Młoda myśli skorzystać z wróżby
Wiedzieć kiedy koniec służby.

Młoda przytargała dziada
Uwiązała przy siodełku
Siedź na dróżce i nie skamlaj

Ty stareńkie purchadełko
Jak rozdała wróżka karty
Nagle się skończyły żarty.

Wróżka przez okno wyjrzała
W dziadzie króla rozpoznała
Zrozumiała co się święci
Bo król miał zaniki pamięci
I w młodej się nagle zakochał
Odzyskał pamięć i szlochał.

Z wielką pokorą i bólem
Padła młoda przed swym królem
Król zadzwonił do pałacu
Przyjechali mieli za co
I kareta ozłocona
Przez dziesięć koni ciągniona.

Młoda wiła się z radości
Też się w królu zakochała
I królewną wnet została
A rowerek to nadmienię
Jeżdżą teraz na nim jelenie.

Pomyłka szefa

Szefem być to jest niełatwo
Płacić za wszystko i światło
Wodę i inne rzeczy
I czasem nadstawiać plecy.

Żona szefa jego szefem
Gdy ten upije się pod sklepem
To go tłucze w domu pałą

Tak mocno żeby bolało.

Wiceszef kiedyś przypadkiem
Napił się poderwał Jadźkę
Wkrótce wszystko się wydało
I rozgrzało sprawę całą.

I szefowa zrozumiała
Więc szefa z pracy wylała
Na budowie ciąga taczki
A po pracy karmi kaczki.

Wiceszefem też być sztuka
Nie wolno szefa oszukać
Ani w pracy biurze szkole
Bo można zostać robolem
Ale jaja ja pindolę.

Albert morski potwór

Albert jest starym wodnym potworem
Mieszka w szuwarach tuż nad jeziorem
Żywi się wszystkim co tam przydyba
Najlepiej gąska lub duża ryba.

Żona Alberta imieniem Sknera
Łazi za mężem i ciągle gdera
A to jej szkielet zostawił w spadku
Albo się znęcał na starym dziadku
Który przypadkiem zasnął na rybach
I go ten potwór także przydybał.

Dzieci nie mają bo na co po co
Pilnować uczyć i nie spać nocą

A i wydatek rzecz oczywista
Mają po latek około trzysta.

A ich szuwary to miejsce święte
Alberto tutaj jest prezydentem
Kto mu podpadnie opieprzy złaje
On to do złego się nie nadaje.

Nastają czasy wielkiej techniki
Wielkie powstają domy fabryki
I uchwalili ludzie nad ranem
Że ich jezioro będzie zasypane.

Wtedy się Albert wkurzył na dobre
I zwołał wszystkie żyjące gady
By z ludźmi którzy chcą zniszczyć stawy
Nie iść na żadne żadne układy.

Ale się tacy goście znaleźli
W nocy chwycili Alberta w sieci
I jego żonę również schwycili
I do wielkiego morza wrzucili.

Albert to widział wszystko na czarno
To wielkie morze to jest akwarium
Wszystko za darmo rafy i flądry
Albert pomyślał człowiek jest mądry
Żona nie stęka i nie jest głodna
I zaszła w ciążę od dziś jest płodna.

Nie i tak

Tak jest ważniejsze czy nie
Kto odgadnie i czy się to aby uda

Dużo tego

To są jednak wyrazy proste
Nie jakieś tam znowu cuda.

Czy warto w ogóle o tym rozmawiać
I drążyć temat i zastanawiać
Ale pytania można zadawać
I na tematy pewne nastawać.

A z drugiej strony tak to przyznaje
To jest ważniejsze bo się dostaje
Tak to na zgodę ręce podaje
Ale nie dostać i na coś liczyć.

A nie otrzymasz więc na co czekasz
Po co się wkurzasz i bardzo wściekasz
Tak trzeba działać by nie żałować
Bo to naprawdę się wyrównuje
Jak stopa duża but nie pasuje.

Głupi problem

Atmosfera jest nie bardzo
Znowu veto na obradach
W punkcie napisane równo
Ale wyszło z tego g...

I właściwie z tym nierównym
Znaczy się rozprawić z g...
I głos zabrał prezes stary
Najważniejszy w pierwszym rzędzie
Podkreślając że pracuje długie lata na urzędzie.

Cytuję
My to znaczy ja i d...

Stanisław Pysek Prusiński

Zbierając myśli do kupy
Do rozbiórki ubikacje
Kible polne i w stodołach
Komu się zaś zechce to to
Niech podniesie rękę woła.

Na urzędzie g... nasze
A prywatne g... wasze
Koza świni nie dorówna
Więc pilnujcie swojego g...

Przy tym ostro to zaznaczę
Najważniejsze g... kacze.

Ostrzegam bo użyję siły

Ręce do góry i się nie ruszać
Bo będę strzelał proszę nie zmuszać
Jeszcze ruch jeden użyję siły
I żarty na bok już się skończyły.

Tamten się ruszył gliniarz wypalił
Aż siedem razy wąsy osmalił
Zniknął przeciwnik woda rozprysła
Policjant tonie w licznych domysłach.

Ciała nie znalazł czy gość był duchem
Łuski zniknęły woda wyciekła
Niezły gagatek i zbój być musiał
Bo nawet łuski zabrał do piekła.

A za przyczyną wodnego lustra
Szarego stawu na dzikim polu
Policjant strzelał do lustra wody

Dużo tego

I szukał teraz tego co zabił
Pomyślał zatem zabiłem gościa
I do raportu z duchem się stawił.

I cała sprawa wyszła pomału
Na komisariacie dostał zawału
W sali zamkniętej kap proszki łyka
Duch się pojawia i zaraz znika.

Za mocno trzymany

    Nie róbcie mi krzywdy poluzujcie sznurki
Pan w kapeluszu
Powalony na ziemię krzyczy do chmurki
    Nikogo nie zabiłem
      Dawałem rozgrzeszenie

Przydarzyło się się to pastorowi
Spowiadał damę z rana
I ma problem proszę pana
A zwinął go patrol policji z mopa
Twarze ich były zakryte
Nic nie widzieli i czekali na bandytę.

Ten to ma życie

Ten to ma życie powiadam chłopie
On sobie biega i piłkę kopie
Marna to praca a dobrze płacą
Ja nie pojmuję dlaczego za co.

Ledwie to odrzekł do mikrofonu
Leżał na ziemi trzymali sknerę
Bo tak wyraził się o grającym

A był naprawdę jego trenerem.

Trębacz słuchając aż trąbić przestał
Ochroniarz w bramce coś sobie zrobił
Gość biegł do kibla w spodnie narobił
Wieprz nie wytrzymał nożem się dobił.

A na trybunach powstały krzyki
Precz z tym trenerem i paść indyki
Nie może to mu i ujść na sucho
Za głupią gadkę obciąć mu ucho
A te zarobki choć sprawa śliska
Więc dostał po łbie i precz z boiska.

Z chlebem i solą

Chlebem i solą witano go
Nie wiedzieli kogo dlaczego i po co
Bo był z urzędu i z tego względu
Chociaż troszeczkę narobił błędów
Ale jak zwykle wygrał wybory.

Witali jego a z nim sprzątaczkę
Pochyłą żonę konia i kaczkę
Bo władca gminy go tu zaprosił
Niestety musiał choć go nie znosił.

Ten nie popisał się jak przed rokiem
Połknął bochenek nie dotknął soli
Bo był zwyczajnym typowym smokiem
Lecz się zadławił zwyczajną ością
I zakopali smoka z radością.

Dużo tego

Malec i palec

Nauczyć malca nie wkładać palca
Gdzieś do ogniska bo go przyparzy
Wlewać do zupy gęstą śmietanę
I liczyć na to że się nie zwarzy.

Cóż zatem nie powinien nasz malec
Nie płakać w nocy i nie dokuczać
Biegać i wrzeszczeć i nie być grzecznym
A obowiązkiem to jest koniecznym.

Myśl podstawowa bardzo paląca
Podawać przykłady pilnować brzdąca
I już od roku aż do dziesięciu
Trzymać na luzie nigdy w napięciu.

Porady manifestacje

Po co komu tak naprawdę parady i marsze
Obiektywnie to wygląda na banał i farsę
A więc najmądrzejsi stoją na podium
A mądrzejsi w tyle
A ulicą maszerują i wrzeszczą debile
I hasła na transparentach głupie i proste.

Łajdak o tak po prostu promuje zęby ostre
Ktoś napisał że reżim i potworna bieda
A niech piszą co ich naleci
I tak nic to nie da.

Zdarzają się hasła mądre
Zdjęcia głowy trupie
A co tam kogoś to obchodzi

Pisz co chcesz przygłupie.

A i starcia z bezpieką marnowane mienie
Manifestujący rzucają w gliny kamienie
W ruch idą pały gazy łzawiące
Ktoś tam kogoś obrzucił g... pachnącym.

A po manifestacji są problemy
Prokurator szpera po kątach
I wyciąganie kasy przez sądy
Z robotnika konta
Na ulicy straszny bałagan
Kto teraz ma po bałaganie posprzątać?

W rezultacie nic nie uzyskano
Oprócz grozy dymu tumultu
Ktoś znowu kogoś nabrał
Wszystko jest niestety do luftu.

Szanuj zieleń

Człowiek w dwudziestym pierwszym wieku
Z przyrodą się nie liczy
Regularnie wycina lasy zanieczyszcza wodę
Nie zdaje sobie sprawy
Czym to się kiedyś skończy
Beztrosko urządza takie zawody.

Jak to niektórym wytłumaczyć i wyperswadować
Znikną lasy nasze piękne i stuletnie drzewa
A co się stanie z ptaszyną która pięknie śpiewa
Co poczną dzikie zwierzaczki z leśnego obszaru?
Pewnie ich pan leśniczy zaprosi do baru.

Zmiana czasu

Coś tak w myśleniu się przekręciło
Było wesoło wspaniale miło
Twarz w lustrze skromna gładka powabna
Sylwetka smukła sportowa zgrabna
To są zalety naszej młodości
I jedno słowo a o starości.

Starość jest również piękna
Może przypadkiem niektórzy stwierdzą
Dobrze pojedzą to i popierdzą
Ale to przejdzie jak spojrzeć z boku
Jak nie już jutro to z końcem roku.

Milczenie

Wojna okupacja bieda
Nie skarżyli chociaż brakło im chleba
Obdarci brudni parszywi
Wystraszeni pobici na wpół żywi.

Dręczeni dniem i nocą
Na dziedzińcu nadzy i bosi
Patrząc w niebo na dym krematoryjny
Wyglądem przypominając krzyż misyjny.

Nieliczni doczekali wolności
Teraz dziękują Bogu że ocaleli
A ci co nie było im żyć dane
Duchowo w czas boski ulecieli.

Potrafić modlić się Bogu służyć
W nadziei że to co się stało w tym grymasie

To nigdy nie powinno się powtórzyć
We świata boskiego czasie.

Niewinny

Leży jak długi ma zamknięte oczy
O nic się teraz nie martwi
Prostej czynności jak ruszyć ręką
Też nie potrafi.

A że ma długi nie jego problem
Pełen godności hartu ambicji
A co mu teraz mogą naskoczyć
Kpi ze skarbówki sądu policji.

Ubrany w krawat i ciemne szaty
Wczoraj był biedny dzisiaj bogaty
Nikt go nie pyta gazet nie czyta
Nie strzeli nawet setki we święta
A o kolacji co wczoraj spożył
Też nie pamięta.

Może jest młody a może stary
Wczoraj zabrzmiały nad nim fanfary
Dostał pochwały i listy ostatnie
I w górę cztery salwy armatnie.

Może go kiedyś ludzie odwiedzą
Podyskutują nad nim posiedzą
I na kolanach uklękną godnie
Na materacu bo to wygodnie.

A ten co umarł już nic nie musi
Martwić że deszczem może się schlapać

Nie może jednak chociaż go swędzi
Pod własnym tyłku ręką się podrapać.

Rąbnęło się

Przestrzegała baba chłopa w Kutnie
Jak będzie chodził to jemu utnie
Nikt nie spodziewał się że tak to będzie
Bo nie wiedziała że on był wszędzie.

I tańcowała baba z pastorem
Rano w południe w nocy wieczorem
Było wesoło pięknie i miło
Ale tragicznie się zakończyło.

Raz inna baba przyszła do domu
I powiedziała jej dla sodomy
Że coś tu chyba nie jest w porządku
Że ten jej miły odwiedza domy.

Zazdrosnej babie to ponad siły
Ukarać zemścić żarty się skończyły
I w poniedziałek nad samym rankiem
Toporkiem rąbała chłopską kaszankę.

Chłopina przeżył chorował długo
Leżał w szpitalu nad starą strugą
Chirurdzy długo się z nim męczyli
Ale i w końcu coś tam przyszyli.

Sprawa się jednak wydała w porę
Kiedy ucięła to się dowiedziała
Że do czynienia miała z pastorem
Łzy jej puściły całym zaworem.

Co kombinować i dalej kręcić
Poświęcić interes czy nie poświęcić
Chłop dalej chodzi gdzieś tam pokutnie
Może raz drugi nikt mu nie utnie.

Trochę to głupio tak po kolędzie
A baby ruszał już nikt nie będzie
Bo tak się kończą nieraz podboje
Lecz nie odrąbuj co nie jest twoje.

Oświadczyny

Krasnoludek oświadczył się sierotce Marysi
Z tej to okazji zerwał z łąki kolorowe kwiatki
I upiększył okna Marysi macochy jej matki.

A to była wtedy sobota
I była w ogródku macochy robota
I Marysia nie miała czasu
Spotkać się z krasnoludkiem i iść do lasu.

Zajęta pracą ogrodową
Płakała i kręciła głową
Krasnoludek długo czekał
Na polance na sierotkę Marysię
W końcu zmęczony zasnął pod drzewem
Ukojony ptasim śpiewem
Właśnie kończył się dzień
I wtedy on miał ten sen.

Śniło mu się że macocha
Powiedziała do Marysi wynocha
Zamknęła ją w piwnicy

Dużo tego

Płacze Marysia jego kochanie
Dziś nie przyjdzie na spotkanie.

Co dalej się stanie
O tym w następnym odcinku
Śpij synku.

List do nikąd

Został ten portret w jej pamięci
Aż łzy w oczach kręci
Listonoszem był gdzieś się zmył
Cześć jego pamięci.

Napisała ten list z rana z werwą niemałą
Bo spać jej już się nie chciało
Jedna z wielu porzucona
Niczym pędy leśnego wrzosu
Taki niepokój na dziewięćdziesiąte urodziny
To jak strzał z kosmosu.

On był pięknie ubrany zawsze czysty
Regularnie dostarczał jej listy
I odbierał procenty z emerytury
Podrzucając babcię do góry.

A więc już nie płakała
Ale napisała list do niego
I uroniła łezkę na znaczku.

P.S. Odezwij się gdzieś jesteś prosiaczku
Twoja Kasia z Podlasia.

Schyliła siwą zatroskaną głowę

Poprawiła zgrzebną koszulinę
Rzuciła biustonoszem w kąt
   Pomyślała a może to był mój błąd?

Ale tym razem nie zapłakała
Poprawiła wysoką poduszkę
Położyła się i odeszła w marzenia
Ale nie umarła tej niedzieli
Nagle raptownie poderwała się na pościeli.

A żeby to diabli wzięli
Zapomniała o wszystkim
I przy stole usiadła
I całego kurczaka pieczonego zjadła.

Ale od stołu nie odeszła
I wtedy tęsknota do listonosza przeszła
Jak cień
W ten piękny niedzielny dzień.

Poranek

Obudziłaś się jesteś w humorze
Tam czy tu
Ktoś zapukał do drzwi twego domu
Witaj dniu.

Nie żałuj poprzedniego dzionka
Co ci to da?
Dzisiaj spełnią się twoje marzenia
Wszystko gra.

Zobacz cudnie za twoim oknem
Mimo że pada deszcz

A wiewiórki futerko moknie
Tak to jest.

Z chleba zrób sobie grzankę
Nie spal go
A następnie podgrzej kaszankę
Nalej sos.

A gdy chodzi tu o rencistę
Ja to robię
Na chorobę łyknij tabletki
Popij sobie.

Umyj buzię i wyczyść ząbki
Nie bój się
I odezwij się miło do żony czy męża
Kocham Cię.

Okrągłe księgi

Rewelacja to odkrycie
Tylko pomysł trzeba wdrożyć
Ale żeby coś zbudować
Trzeba jeszcze koszty włożyć.

A czy ten pomysł wypali
I zwróci się kiedyś z nawiązką
Ktoś pomyślał w naszym czasie
I reformy chce nad książką.

Książki mamy prostokątne
Zdarzają się i kwadratowe
Czy to zatem będzie mądre
By zmienić je na okrągłe.

Pokazano na rysunku
W skórze dobrze oprawiona
Jest i tytuł kolorowy
Autor data pierwsza strona.

I literki i wyrazy
Powtarzane wiele razy
Tylko problem żeby wszystko
Co w kwadracie weszło w czoło
Na obradach zahuczało
I zrobiło się wesoło.

I producent dostał nakaz
Szybko trzeba projekt wdrożyć
Wiąże się z tym duża kasa
Ktoś musi ją teraz wyłożyć.

Są przelewy wszystko przeszło
I została forsa wzięta
I dziś wolna jest sobota
Tęga zima ranne święta.

Ale powstał problem z rana
Zabrakło miejsca na bałwana
I to na książki okładce
Trzeba jemu obciąć nogi
Szalik oraz obie ręce
Ale coś i tam na dole
A właściciel żąda więcej.

I nie mieszczą się wyrazy
Powtarzane wiele razy.
Oj się chyba nie udało

Dużo tego

Prezes zbadał sprawę całą.

Wydał w nocy werdykt taki
Uczniowie dziewczyny chłopaki
Nawet i przeciętnie inteligentni
Trzeba myśleć i to przyjdzie
Dopisywać te litery
Ale w myślach i wyrazy
Powtarzając wiele razy.

Pisać równo nie oddzielać
Kto niezdolny niech ustąpi
Niech się zwolni ten co wątpi
Ja uważam że to mądre
Księgi muszą być okrągłe.

W dalszych planach pomysł taki
Produkowane plecaki i okrągłe plecy
Niby taka prosta zmiana
A na planie tyle hecy.

Plan którego nie ma

Pewien pan napisał plan
O rozwoju gospodarki
Wszystko w nim wziął pod uwagę
Inwestycje straty zyski
Żeby tylko on zadziałał
To naciska dwa przyciski.

Rzekli   dziękujemy panu
    Więc działajmy według planu
    Ale powiedz proszę pan
    Gdzie znajduje się ten plan?

Lecz pan nie przedstawił planu
Oni zapłacili panu
Szukają a planu nie ma
Domyślają się że to ściema.

Szukają w piwnicach w biurze
W każdej wnęce w mysiej dziurze
Rozebrano ściany mury
Może pofrunął do góry
Zapytano i kosmity
Może to on widział kwity.

Znów zaskoczył ich ten pan
Dobrze stworzę nowy plan
Pan się dwoi sroży mnoży
W przedpokoju się położył
I sporządził nowy plan
I jest kraksa wcięło nowy
A był prawie już gotowy.

Znowu kłótnie i sensacje
Może wziął plan na wakacje
Ale zniknął i sam pan
A z nim w teczce jego plan.

I reformy diabli wzięli
Kasa zniknęła na wdrożenie
Komornicy klaszczą w ręce
Jutro Boże Narodzenie.

Zubożały biedne chatki
I na stole mgła w talerzu
Na rodzinę jedne płatki

Koty głodne w błocie leżą.

Planu nie ma bieda nędza
I buzia zaczęła się bielić
Nie ma kasy na naboje
A więc z czego się zastrzelić.

Ostrożnie z ogniem

Ogieńkiem można się sparzyć w pupę
Poparzyć język sprawdzając zupę
Przypalić w pięty
Spalić chałupę.

Narobić dymu zaprószyć oko
Nawet na Marsa wzbić się wysoko
Ogień ma wady oraz zalety
Bez ognia głupio jest i niestety.

A kiedy w sercach ogień powstanie
I na ołtarzu ich dwoje stanie
Wtedy pochodnia stworzy się z ognia
To jest poważne ognia działanie.

A w noc poślubną jak to się zajarzy
Kto nie doświadczył to niechaj marzy
Trzęsie się łoże a nawet domek
I z ognia powstał nowy potomek.

Ogień się wścieka gdy zacznie straszyć
Można go wtedy wodą ugasić
Jest jeszcze jeden ogień piekielny
Co smaży dusze i ich wnętrzności
To nie dotyczy jednak nas wszystkich

Co nie posiedli nigdy miłości.

Znowu reforma z górnego zwisu
Reklamowana na wszystkie strony
Od następnego już poniedziałku
Ogień czerwony ma być zielony.

Na skrzyżowaniach wjazd na czerwonym
Wyjeżdżasz z ronda już na zielonym
Ale co będzie to się dowiemy
Kiedy będziemy po drugiej stronie.

Dużo tego

Spis treści

Uczucie	5
Uciekła ziemia	6
Przebudzenie	7
Wczorajszy i dzisiejszy dzień	8
Pisać tylko o czym	9
Co będzie jutro?	11
Nowy rewelacyjny sposób na	12
Nowy sposób na uratowanie dachu	14
Ciemność i jasność	16
Życie się powtarza	17
Przypadek anioła emeryta	18
Chrzciny Kai	21
Mężatka	23
Prawdziwe nie wymyślone	25
Fascynacje	26
Emigracja	28
Duże i małe słowa	32
Każdy dzień pierwszy i nie ostatni	33
Wesoła plaża	34
Deszczowa pogoda	37
W kolejce do nieba	39
Czy warto	40
Kot i mysia dziura	42
Pomyłka w Komie	43
Młodość i starość	51
Inne czasy	52
Chwile	56
Ala i mąż	56
Wyjdź za mnie	58
Nie szastaj	59
Nie dodawaj	60
Cena zdrowia	61
Kontroluj się	61
Intencje nieczyste	63
Ogłoszenie matrymonialne	64
Doda	65

Dużo tego

Dusza z ciałem	65
Sześć tuzinów	66
Szanse i tuzinów sześć	66
Problemy	67
Nowa królowa	68
Pakiet dobroci	69
Gadatliwy mruk	70
Ku przyszłości	71
Tak to nie będzie	71
Kto zagra na weselu u świni szwagra	72
Och	74
Ziemia	75
Nie odjadę śmiej się	76
Dziadek i spadek	78
Agresje dwudziestego pierwszego wieku	80
Sorry	82
Zdarza się	83
Porażka	84
Błędy	85
Wyższa Szkoła Myślenia	86
Limity	87
Równość	87
XXI	88
Pomniki	89
Telefon do nieba	90
Uwodzenie	91
Zatarte prawdy	92
Zielona wyspa	93
Skutki picia wódki	94
Jeże	95
Zmagania	95
Zima jest piękna	96
Skradziony czas	97
Lotem latem	98
On i kamera	99
Jak spać	99
Sucha woda	100
Dzień bez powietrza	101

Pęd do życia	102
Z szefem	103
Góra i dół	104
Pijany koń	105
Wyzwanie	106
Nastał 2501 rok	107
Obrażanie	108
Propaganda i demokracja	110
Nierówności w demokracji	112
Moja zielona nowa trawka	113
Wróbelek i wiewiórka	115
Uczony i słońce	117
Świr	120
O odzieży	122
Zamienić	124
Sens	124
Dość tego	126
Dochód z korridy	128
Zamożny pies	131
Dusza boli	132
Nierozsądny	133
Cóż robić	133
Zatrzaśnięte drzwi	134
Ziemia jest teatrem	135
Rozdanie w demokracji	137
Uwagi godne	139
Rozumny znaczy jaki	140
Gorzka prawda	141
Taca	142
Czas dobrodziej	144
Wytwór myśli	145
Szastać	146
Spotkanie z UFO	147
Do przodu iść	149
Zaproszenie do wieczności	150
Zając i leśniczy	152
Na samej górze duża przesada	153
Kuszenie	154

Dużo tego

Miła	156
Szalony wóz	157
Specjalnie dla państwa młodych	158
Pogoń za lepszym życiem	159
Karta życia	160
Zalety jabłek	161
Nie szalej cieczy	162
Dobre rady	163
Otrzęsiny	163
Dwa końce kija	164
Urodziny Tereski	165
Wynalazek	166
Przestrzeń	167
Jak się dorobisz to co	168
Źle	169
Nieszczęsny wielbłąd	169
Wnuczęta	170
Czy warto oszczędzać	171
Pomyłkowy więzień	173
Ja i Leon	174
Zapisane karty	175
Przeznaczenie	177
Nasza Marzenka	179
Reprywatyzacja	180
Atrakcyjna myszka	182
Złodzieje	183
Nocna rozmowa z dziewczyną w podeszłym wieku	184
Nic się nie dzieje	185
Męczybuła	186
Nocna rozmowa	186
Czas się zmienia	188
Kicia	189
Strach	190
Za darmo	191
Policzył do trzech i	191
Chłop na roli	192
Wczasy letnie	193
Ksawery i jego numery	194

Stanisław Pysek Prusiński

Nie zabroni	196
Pysek pisze	197
Rycerz	198
Plon	198
Chrząszczu w gąszczu	200
W końcu zapłakał	200
Sprawa w teatrze	202
Idealny świat	203
Zapomnieć to co się nie zdarzyło	206
Rozjaśniona noc	207
Rzeka	208
Powietrze	208
Leśna awantura	209
Nie pal mostów	211
Świński problem	212
Mężatka	213
Prawdziwe nie wymyślone	214
Agrest	215
Na czas	215
Mamy swoje lata	216
Molestowanie	217
Będę lepszy	217
Mina	218
Projektować życie	218
Wycieczka w góry	219
Rasowy pies	219
Co robić w poście	220
Jak zachować się na plaży	221
Słabości	222
Kup mi domek	222
Samochodzik i wiewiórka	223
Zmęczony pisarz	223
Mistrz w leżeniu	224
Straszenie diabłem	224
Życie się kręci	225
Idealne piekło	225
Wnuczka i mały piesek	226
Idol	227

Dużo tego

Obciach	227
Ekstremalny przekręt	228
Zgorzkniała księżna	228
Przepraszam	229
Idealna złość	230
Klątwa	231
Walenty i talenty	231
Wymiana opon mózgowych	232
Mata koniec świata	233
Wpatrzeni w siebie	234
Materac	235
Wojsko	235
Leśniczy i komornik	236
Kto następny	236
Wycofana z obiegu	237
Zabrakło kata	238
Speckomisja	238
Skąpani w westchnieniach	239
A gdzieś tam	240
Otworzyć oczy	240
Wysnute z rękawa	241
Pokąsany przez diabła	241
Małe i duże sprawy	243
Odnaleziona prawda	244
Kłopoty	244
Przestroga	246
Panie w czerni	248
Prowadź nas	248
Gra o czas	249
Róża	250
Dzień jak każdy	250
Reklama otręby	251
Polityka	252
Targany przez wiatr	253
Gdzie jesteś Polsko?	253
Trzymając się za ręce	254
Karać	255
O duszy w ciele	256

Blisko ideału a tak daleko	257
Atrakcje	258
Nie trzeźwy	258
Dwa czerwone przyciski	259
Co zamierzasz	260
Marzenia ufoludka	261
Ludzkie zoo	263
Niesforna małpka	264
Nie wódź na pokuszenie	264
We dwoje raźniej	265
Życie stwarza problemy	266
Rady dla emeryta i rencisty	268
Strajk pszczelny	269
Pracować czy za...	270
Problemy	271
Lista grup społecznych	273
Czy odnajdziemy się	274
Mijanie	275
Jak widzą tak piszą	275
Alternatywa	277
Głupiec i karabin	277
Kaczka	279
Program i gram	279
Stres	280
Milczek	281
Napad stulecia	282
Zaczarowana gitara	284
Apele	285
Miłość zwyciężyła	286
Hart ducha	287
Damy radę żyć	287
Taryfy ulgowe	288
Inni niż my	289
Wstydem nazwane	289
Błędy	290
Aleppo Syria	291
Oderwać się od rzeczywistości	292
Koń i wczasy	293

Dużo tego

Nie wypalił	294
Stoi Mirano	295
Dziwny bohater	298
Pojedynek Goliata z Dawidem	299
Rumor zwykły humor	300
Młoda i stary	301
Pomyłka szefa	302
Albert morski potwór	303
Nie i tak	304
Głupi problem	305
Ostrzegam bo użyję siły	306
Za mocno trzymany	307
Ten to ma życie	307
Z chlebem i solą	308
Malec i palec	309
Porady manifestacje	309
Szanuj zieleń	310
Zmiana czasu	311
Milczenie	311
Niewinny	312
Rąbnęło się	313
Oświadczyny	314
List do nikąd	315
Poranek	316
Okrągłe księgi	317
Plan którego nie ma	319
Ostrożnie z ogniem	321

www.ingramcontent.com/pod-product-compliance
Lightning Source LLC
Chambersburg PA
CBHW071952070526
44583CB00015B/1160